Geschichte von dem verliebten Apfel...
und andere Märchen

Für Leser von 9 – 99

Bücher

Verlag: Jasmin Eichner Verlag, Gerberstraße 11 – 13
         77652 Offenburg
         Telefon: 07 81 / 7 35 02

1. Auflage November 1996

Autorin: Brigitte Gutmann

Illustrationen &
Coverbild: Günter Remus

Satz: Satz-Studio Meyer
                   77963 Schwanau, Telefon 0 78 24 / 6 65 02

Covergestaltung: Yvette Sauban, 77652 Offenburg
                   Telefon: 07 81 / 7 35 08
Druck: Jasmin Eichner Druck- & Verlagshaus

© Copyright 1996 by Verlag • Jasmin • Eichner
ISBN   3-931187-17-9

Geschichte von dem verliebten Apfel...
und andere Märchen

Für Leser von 9 – 99

Brigitte Gutmann

Inhaltsverzeichnis

7	Das Märchen vom Katzenkopf
19	Die Kuckucksparabel
27	Fast ein Märchen
33	Das Märchen vom mozärtlichen Frosch
41	Der Räubersohn und die Zauberpistole
51	Jan Neinerich und der Offiaffi oder der Chamäleonszwerg
69	Das Märchen von der hochmütigen Rose
75	Das Märchen von dem verliebten Apfel, der verliebten Apfelsine und der kleinen Mandarine oder wie Sankt Nikolaus die Mandarinen bei uns bekannt machte
85	Johnny Gei und Jenny Gei
93	Murmelpapa Hugos neuer Pfiff Ein pfiffiges Märchen
101	Ovambo, der Elefantenclown
109	Tim, Momo und die Postkuriere
119	Opas Untermieter
129	Das Märchen von den Grüngesichtern

Das Märchen vom Katzenkopf

Im nördlichen Schwarzwald, nahe bei der Hornisgrinde, gibt es einen Berg, der heißt Katzenkopf. Über Jahrhunderte hinweg freuten sich Einheimische und auch fremde Besucher und Wanderer am Anblick der runden, bewaldeten Erhebung. Bei gutem Wetter und klarer Sicht konnte man sie schon von weitem am Horizont erkennen.

Den Katzenkopf zierte einst ein dichtes Fell aus Fichten- und Tannennadeln, gemischt mit einigen Laubhaaren. Und welche Freude war es, an sonnigen Tagen vom Gipfel aus hinabzublicken auf das dunkle, ruhige Auge des Mummelsees hinüber auf die Bergketten im Umkreis, hinunter in die weite, fruchtbare Rheinebene und hinauf zum hohen Himmel!

Dann aber kam das 20. Jahrhundert, in dessen zweiter Hälfte so viele Tiere und Pflanzen starben, ja sogar ausstarben an den bösen Geistern von Umweltgiften, saurem Regen, vor allem jedoch am bösen Geist der Menschen, an ihrem Unverstand, an ihrer mangelnden Phantasie ...

Erst bekam unser Katzenkopf nur vereinzelt graue Haare, die dünn und brüchig wurden. Immer mehr breitete sich die Krankheit aus. Und schließlich fielen die Haare aus, in dichten Büscheln. Das füllige Fell wurde kahl, es zeigte sich am Berg bald der nackte Schädel, schon von fern sichtbar.

Wer jetzt die Wege und Pfade zum Gipfel hinaufwanderte, fand dort, erschreckt, einen Friedhof von Baumskeletten vor, bizarre, mahnende Holzfinger, splitternde Dürrständer und Baumknochenreste, zwischen großen Felsbrocken.

Ungehindert fegte nun der Wind über den leeren Kopf der entstellten Bergkatze, warmer Frühlingsföhn, frischer Sommerwind, heftiger Herbststurm und eisiges Windgebrause. Die Katze machte einen Buckel, nicht mehr aus

Behagen, sondern aus Unmut. An den Mummelsee war schon immer viel schaulustiges Volk geströmt, um einen Spaziergang zu machen, eine Kuckucksuhr zu kaufen oder eine Schwarzwälder Kirschtorte zu genießen. Seit der Gipfel des Katzenkopfs aber eine Ruinenstätte geworden war, zog es die Menschen aus Neugier und Nachdenklichkeit zu dem höhergelegenen Wallfahrtsort. Weise warnten vor weiteren Katzenkopfschädelstätten. Und tatkräftige Menschen aus den Tälern pilgerten hoch, um dort junge Bäumchen zu pflanzen, damit die Katze langsam wieder ein neues Nadelfell bekommen sollte.

Niemand aber begab sich in den Nächten auf den Gipfel. Man glaubte zwar nicht mehr an Mummelsee- und Berggeister; doch wer wollte schon freiwillig in Dunkelheit und Nachtwind einen so trostlosen Platz aufsuchen?!

In Vollmondnächten jedoch hätten Mutige beobachten können, wie sich die Baumskelette von ihren auseinanderliegenden Standorten wegbewegten, Schlag zwölf Uhr, zur Mitte des Berges. Dort hatten sich schon kleine, dürre Äste zu einem Lagerfeuer aufgeschichtet, welches die Glühwürmchen anzündeten. Es sollten den Baumriesen Licht und Wärme spenden, ohne sich selbst zu verzehren. Die Büschelgräser und Heidelbeersträucher erwachten auch und mischten sich unter die Prozession. Alle lagerten sich stumm um das Geisterfeuer.

Der Mond verjagte seine Wolken und glitt am Sternenhimmel hinab, um der Gespensterrunde beim Erzählen zuzuhören. Ein paar Eulen, Nachtfalter und Fledermäuse flogen von dem unteren Waldrand hoch und hockten sich in den Kreis.

„Über hundert Jahre war ich alt", seufzte ein weißes Skelett, „als mich eine rätselhafte Krankheit befiel. Ich glaubte schon, ich sei unsterblich! Der Förster besuchte mich manchmal und blickte mich und andere Verwandte oder Freunde besorgt an. Gegenüber dieser heimtückischen Erkrankung waren selbst die besten Waldärzte hilflos. Ich verfärbte mich also immer mehr, ließ die Zweige hängen und verlor langsam den größten Teil meines Nadelkleids. Es war furchtbar!" Das alte Baumskelett schien zu zittern, zu weinen, als es flüsterte: „Und dann kam der Tag, als man mich Dürre fällte, meine Hinrichtung ..."

„Ach, Tante", tröstete sie ein jüngerer Baumstumpf, „vergiß diesen Schock endlich! Laß uns doch, um uns abzulenken, von den guten Tagen unseres Baumseins erzählen, nicht wahr? Weißt du noch, als die Eichhörnchen ihre Nester in unseren hohen Zweigen bauten und sich gegenseitig besuchten?" – „Ja", lächelte die Tante wieder, „ich liebte die Bewegung meiner Äste, wenn sie sprangen..." – „Und wie lustig war es, Tante, wenn sie flink den Baumstamm hinunterliefen, um unten zu picknicken!"

„Aber sie waren auch recht unordentliche Gesellen, diese Eichhörnchen", murrte eine Fichte. „Wie oft habe ich den Kopf geschüttelt, wenn sie die abgeknabberten Fichtenzapfen einfach so daliegen ließen! Da waren mir die Spechte lieber. Sie holten sich Würmchen aus meiner Rinde, hielten mir also diese Schmarotzer vom Leib und trommelten noch einen tollen Rhythmus dazu in den Wald."

„Ach", schwärmte ein Tannen-Dürrständer und streckte seine abgesplitterten Füße zum Geisterfeuer, „ich habe immer Tannenmeisen in meinem Haus aufgenommen. Sie sind meine liebsten Gäste gewesen. Und wie reizend sie gesungen haben vor dem Zubettgehen! Ich habe diese Konzerte sehr geschätzt. Alles vorbei." – „Und dazu noch, mein Teurer, die Buchfinken in meinen Ästen", nickte ein knorriger Buchenast, „leider genauso für immer Vergangenheit."

„Nun mal doch nicht so schwarz, Vater!" meinte ein Sohn des Buchenastes. „Hörst du denn von unserem Berggipfel nicht mehr die Konzerte der Vögel aus dem unteren Waldstück? Es dringt doch bei guter Wetterlage auch in unsere Höhenetage hoch." – „Na ja", murrte der Buchenvater, „du bist noch jünger und hast bessere Ohren, selbst in unserem Geisterzustand ... Aber etwas weiß ich genau: Die da unten haben nur eine Schonfrist. Die sind auch schon angekränkelt und von dem gefährlichen Virus stellenweise befallen. Für einige wird bald die Stunde schlagen."

„Da hast du recht", bestätigte ihn eine andere Tannenruine. „Zwar ging's euch Laubbäumen bisher nicht so rasch an den Kragen, doch wie ich von einem Transistorradio gehört habe, sind wir Nadelbäume im letzten Jahr prozentual gesünder geworden, während es nun bei euch mehr Kranke und Tote geben wird." – „Prozentual, prozentual!" ereiferte sich der Buchenast, „die Menschen müssen doch aus allem eine Statistik machen! Aber für mich gilt allein die Tatsache: Man stirbt nur einmal zu früh."

Einige kleine, neugepflanzte Tännchen und Fichten saßen brav und verschüchtert in einer Reihe und horchten aufmerksam auf die Worte der Alten. Ihre hübsche, unversehrte Gestalt, die Kindlichkeit, das Niedliche ihres Aussehens und ihr zartes Hellgrün wirkten rührend zwischen den Holzknochen. „Sagt mal", wagte ein Tännchen zu wispern, „werden bei uns denn nicht auch bald Vögel Platz nehmen oder gar nisten?" – „Nur mal langsam, nur mal geduldig", mahnte sie ein dicker, querliegender Stamm, der immer noch recht selbstbewußt wirkte. Er mußte früher sehr hoch gewesen sein. „Ihr Erstkläßler müßt euch erst in der Baumschule hochdienen, ehe ihr mitreden dürft! Noch heute kreisen die Mäusebussarde eher um meinen abgewrackten Leib und lassen sich darauf nieder, bevor sie euch Winzlinge aufsuchen! Ein paar Bäumchen machen noch keinen neuen Wald. Und merkt euch: Die Politiker vom Tal sagten viel zu spät nein und stopp, bis sie einsahen, daß es höchste Zeit war, euch Jungen zu pflanzen „Waldemar", jammerte da eine Fichtenfrau und rückte ihre morschen Knochen etwas näher an den Stamm, „nun politisier doch nicht noch spät in der Nacht und laß nicht deine Wut an den armen Kleinen aus, Mann! Was können die für unser Schicksal?" Entschlossen stand sie auf und setzte sich neben die Bäumchen. Mit dürren Fingern streichelte sie die zarten, leicht nach Harz riechenden Nadeln. „Ihr seid doch unsere ganze Freude . . .Wenn wir euch anschauen, müssen wir immer an unsere fröhliche Kindheit denken und an die schon etwas problematischere unserer eigenen Kinder. Bitte, seid ihm nicht bös." Und damit zeigte sie auf ihren knorrigen Waldemar. „Nein, nein", flüsterten die jungen Bäumchen und schüttelten die Nadelköpfe.

Plötzlich rief eine bisher ganz schweigsame Lärchenfrau, die nur zum Mond, in die Wolken und Sterne oder ins Feuer geblickt hatte: „Freunde, bald wird die Geisterstunde vorbei sein. Wie wäre es, wenn uns Gero, der Liedermacher, zum Schluß noch ein Lied singen würde?" – „Eine prima Idee!" – „Ja, Gero soll sich ans Feuer setzen!" – „Komm, Gero, hol deine Windgitarre." Der Liedermacher ließ sich nicht lange bitten, griff in die Saiten, die immer gestimmt waren, und sang mit sonorer Stimme:

„Wißt ihr noch, wie's früher war?
Als noch dicht und schön das Haar?
Als die Vögel in uns sangen,
Menschenschritte moosig klangen?

Denk' ich an dies Paradies,
traurig ich die Augen schließ' ...
Gifte haben uns gekillt,
Unvernunft ... Ich schluchze wild.

Wißt ihr noch, wie's früher war?
Unten die Ameisenschar,
die am Staate emsig bauten
und nach ihren Eiern schauten.

Denk' ich an dies Paradies,
traurig ich die Augen schließ' ...
Gifte haben uns gekillt,
Unvernunft ... Ich schluchze wild.

Wißt ihr noch, wie's früher war?
Reich an Leben war das Jahr.
Herbst und Winter, Frühlingszeit:
Wir standen im immergrünen Kleid.

Denk' ich an dies Paradies,
traurig ich die Augen schließ' ...
Gifte haben uns gekillt,
Unvernunft ... Ich schluchze wild.

Wißt ihr noch, wie's früher war?
Schnee bedeckte uns ganz und gar.
Mancher wurde Weihnachtsbaum.
S o zu enden war ein Traum!

Denk' ich an dies Paradies,
traurig ich die Augen schließ' ...
Gifte haben uns gekillt,
Unvernunft ... Ich schluchze wild."

Nach einer langen Pause, in der sich mancher knöchrige Baum eine letzte Träne wegwischte, klatschten die Zuhörer. Doch er klang hölzern und dumpf, dieser Applaus.

Nun erhob sich ein uralter Stamm aus der Menge, dessen Rinde schon ganz weiß geworden war und der viele, viele Jahresringe bekommen hatte. Er räusperte sich: „Wir danken dir, Gero. Es wäre wohl gut, wenn auch die Menschen deinen Worten und Klängen hätten lauschen können. Denn ist unser Wald nicht eine wichtige Erholungs- und Lebensquelle für sie? Wahrscheinlich werden sie erst durch bittere Erfahrungen klüger." „Ein bißchen klüger scheinen die Zweibeiner geworden zu sein", meldete sich da der Sohn des knorrigen Buchenastes zu Wort. „Wißt ihr schon das Neuste?" – „Was denn?" – „Die Zweibeiner wollen hier auf dem Katzenkopf, wo der Wind jetzt so ungeschützt blasen kann, eine alte Tradition wiederaufleben lassen, in neuem Gewand: Statt Windmühlen wollen sie Windräder hier oben aufstellen!" – „Tatsächlich?" – „Interessant!" – „Ein ungewohnter Anblick in dieser Gegend." – „Abwarten, was draus wird."

„Aha", meinte der Alte, „alter Wein in neuen Schläuchen. Doch nun, bevor es ein Uhr schlägt, hätte ich noch einen Wunsch, es ist der Wunsch eines kindlich gebliebenen Uralten." – „Sagt ihn, Urgroßvater!" – „Ja, sagt ihn uns!" – „Es wäre doch schön, wenn unsere Geisterrunde fröhlicher ausklingen würde. Vielleicht könnten uns die neugepflanzten Bäumchen noch einen Reigen tanzen! Und dem Gero fällt sicher eine lustige Melodie dazu ein. Vergeßt nicht, diese Jungen sind tatsächlich unsere letzte Hoffnung." – „Ja, fein, ein Kehraus zum Schluß!" Die kleinen Tannen, Fichten und Lärchen zierten sich etwas. Doch bald hatten sie ihre Schüchternheit überwunden, nahmen sich an den Zweigen und drehten sich fröhlich hüpfend zu einem Gitarrenländler. Begeistert gaben die Baumgeister ihre hölzernen Rhythmen dazu.

Da trug der Nachtwind von weit her den Klang einer Talkirche nach oben: ein Uhr. „Husch, husch, auf eure alten Plätze!" rief der Uralte. „Gute Nacht!" Und auch die Eulen, Fledermäuse und Glühwürmchen flogen eilig davon.

Unten am Mummelsee war ein paar Minuten zuvor einer, der etwas tiefer ins Glas geschaut hatte, aus dem Gasthaus geschwankt, um in der frischen Nachtluft nüchterner zu werden. Er hatte noch den Fetzen einer Tanzmelodie aufgeschnappt, hatte oben auf dem Katzenkopf riesige Schatten sich bewegen sehen, ihm war's, als ob ein Feuerschein erlosch, und als er benommen zum Himmel sah, glaubte er, daß der Mond nach oben schwamm... „Zu viel Wein, zu viel Wein", brabbelte er, „da glaubsch am End' selber noch an Geischter..."

Die
Kuckucksparabel

Dies ist vielleicht keine schöne, erbauliche Geschichte, aber eine wahre.

Als die Amseleltern auf Futtersuche waren, flog ein Kuckucksweibchen heran, warf ein Ei aus dem Nest und legte ihr eigenes hinein. Das Eigenartige war, daß es in Größe und Farbe den Amseleiern ähnelte.

Die Amseleltern kehrten zurück und merkten den Betrug nicht. Ihr hinausgeworfenes Ei hatte inzwischen schon eine Katze gefressen. Das braune Weibchen plusterte sich auf und nahm wieder auf ihren Eiern brütend Platz. Ihr schwarzer Amselmann suchte derweil nach Regenwürmern und Schnecken.

Eines Tages, früher als die Amselküken, schlüpfte das Kuckucksküken aus. Es war ein Weibchen. Sofort wurde es gefüttert und angenommen. Dann, nachdem es etwas mehr Kraft in sich spürte, warf der junge Kuckuck alle anderen Eier einem Trieb folgend aus „seinem" Nest. Die Eltern piepten vielleicht ängstlich dabei, konnten ihn aber nicht an seinem zerstörerischen Werk hindern. Der Stärkere, der Schmarotzer, siegte also, und die Schwächeren fielen wieder einmal Feinden zum Opfer. So fügten sich die Eltern bald klaglos dem Gesetz der Natur, übertrugen ihren Trieb, zu füttern und zu hegen, auf das einzige Adoptivkind und päppelten es mit Liebe hoch.

Als Kiki mit ihrem grauen Gefieder, der gestreiften Unterseite und dem langen Schwanz kein Nesthocker mehr war, wagte sie es, sich auf den Rand des Nestes zu setzen. Sie hatte es fast so gut ausgefüllt wie viele kleinere Amseljungen. Zwar brauchte der Kuckuck mit niemandem Platz und Fressen zu teilen, doch spürte dieses Einzelkind auch nicht die schützende, kuschelige, wärmende Nähe von geschwisterlichem Gefieder und pochenden Herzchen. Und es lernte keinen natürlichen Streit kennen.

Dann, an einem Sonnentag, gelang Kiki der erste Flug zum nahen Apfelbaum. Wie alle Vogeleltern aus der Umgebung hatten Mutter und Vater Amsel ihr Junges herangelockt und zwischen den weißen Blüten erwartet. Hübsch hörte es sich an, wenn Mama und Papa mit den anderen Sängern eine Stunde vor Sonnenaufgang oder abends ihren melodischen Gesang anstimmten. Die unscheinbare Nachtigall klang dabei am bezauberndsten und bewies, daß ein Künstler nicht schön zu sein braucht.

Auch alle Jungvögel öffneten voll Frühlingsseligkeit die Schnäbelchen zum ersten Jubelruf. Als aber Kiki ihre eigene Stimme hörte, erschrak sie. Das klang ja ganz anders als die vielen unterschiedlichen Stimmen in ihrer Nähe! Nur ganz von fern aus dem Wald hörte sie einen ähnlichen Laut. Irgendwie klang es nach Kuckuck. Da fühlte sich die verwöhnte Kiki zum ersten Mal als Außenseiterin.

Für alle Vögel begann nun eine wundervolle Zeit. Man tummelte sich im bunten, blühenden, duftenden Bauerngarten. Noch zeigten die Eltern den Jungen das Fliegen. Langsam konnten alle ihren Eltern immer besser folgen, von Baum zu Baum. Unten schlichen die Katzen hungrig umher. Oben hieß es in vielen Familien: „Hütet euch vor diesen Schleichern! Sie sind unsere schlimmsten Feinde. Fliegt in keine niedrigen Büsche. Doch gebt auch auf den Bäumen acht, denn die Bösewichter können sehr gut klettern..." Trotz dieser Warnung wurde mancher Vogel aus der Nachbarschaft von einem miauenden Scheusal gefressen. Das wiederum schleppte seinen feinen Fang sogar als Freundschaftsbeweis zu den Zweibeinern. So widersprüchlich war das Leben.

Im Sommer wurden die Jungen selbständiger, sie verloren ihre Geschwister und Eltern ein wenig aus den Ohren und

Augen. Denn sie entdeckten auf einmal die Schönheit, den Witz und Charme anderer Vögel ihrer Art. Wieder fühlte sich Kiki ausgeschlossen, weil es nur noch ein Kuckucksweibchen in dem Garten gab. Sie fühlte sich fremd. Einsam. Sehnsüchtig. Ihre Eltern spürten diese Veränderung und versuchten, Kiki zu trösten. „Kiki, du und die gesperberte Betty – übrigens seht ihr fast wie Geschwister aus, merkwürdig! –, ihr seid etwas Besonderes in unserem Garten." – „Warum denn?" – „Ihr seid nützlich, sagen die Zweibeiner, weil ihr die haarigen Raupen mögt, die sie Schädlinge nennen." – „Hm, diese Raupen sind wirklich Leckerbissen für mich, Mama! Aber Papa, sag mir mal eines: Warum hänseln uns denn so viele andere Vögel?" Ja, Papa Amsel hatte in der Tat schon öfter gehört, wie es aus der Umgebung hieß: „Was willst denn du bei uns mit deinen komischen Federn?!" Oder besonders gute Sänger hatten von oben herab gemeint: „Die riesige Kiki und die ulkige Betty, diese Grauen, die müßten mal Gesangsunterricht nehmen. Weiß der Kuckuck, wo die ihre eigenartige Stimme und Sprache herhaben!" Die Spatzen trieben es wie immer am ärgsten. „Fremde sollen raus aus unserem Gartenreich!" tschilpten sie und hatten es sogar an Bäumen angeschlagen. Als die Adoptiveltern das sahen, schimpften sie mit den unverschämten, kleinen Kerlen. Aber auch ihnen wurde immer bewußter, daß Kiki und Betty wirklich andersartig waren.

Eines Abends, während viel Jungvolk wieder zu einem Rendezvous flog oder gar schon mit einem gemeinsamen Nestbau begann, flog Kiki traurig fort, hinüber zu den hohen Tannen, in die dunkle Fremde des Waldes, die sie magisch anzog. Da hörte sie in einem Wipfel „Kuckuck!" rufen, immerzu, immerzu. Und ihr Herz zog sich zusammen. Wie einzigartig das klang! Wie vertraut, obwohl viel zu selten in ihrem bisherigen Leben gehört! Kiki sah mehrere graugesperberte, taubengroße Vögel auffliegen. Gleichsam verzaubert, als ob sie sich selber im Traum erlebte, schloß sich ihnen das Kuckucksweibchen an.

In diesem Monat kehrte Kiki nicht mehr in den Bauerngarten zurück. Endlich hatte auch sie einen Liebsten gefunden und so ihr Außenseiterdasein überwunden. Im August folgte sie ihm, ohne zu zögern, auf eine lange, lange Flugreise nach Afrika. Jener ferne Kontinent wurde ihre dritte Heimat nach Wald und Bauerngarten, wo ihre Amselfamilie überwinterte. Ach, welche neuen, ungewohnten Bilder, welche Geräusche, welche Gerüche sich auf diesem Flug und in der heißen Fremde in ihre Vogelseele senkten!

Im nächsten Frühjahr kehrte Kiki zurück. Da spürte sie plötzlich, aufgetankt von Sonne, einen anderen magischen Drang in sich, zurück zum Ort ihrer Kindheit. Und sie suchte, instinktiv, wie die Natur es ihr befahl, Nester von Amselpaaren, um ihre Eier dorthin abzulegen. Mit ihr machten sich andere Kuckucksweibchen – auch Betty war dabei –, auf die Suche, um zum Beispiel in Zaunkönig-, Buchfinken- oder Meisennester ähnlich ausschauende Eier hineinzuschmuggeln, dorthin, wo sie einst selber das Licht der Welt erblickt hatten – ein seltsamer Kreislauf voll triebhafter Gesetzmäßigkeit.

So leben die Kuckucke als Wanderer zwischen vielerlei Welten, die sie lieben, jede in ihrer Art. Und auch wir Zweibeiner sollten die Eigenart der Gesperberten achten.

Fast ein Märchen

Es war einmal ein Waldkauz. Dem war es etwas langweilig in seinem Laubwald. Eines Abends flog er auf eine Birke, die nah bei einem Wohnblock stand. Und da es Winter war und die Birke blätterlos, konnte man ihn gut sitzen sehen mit seinem gefleckten Federkleid und den großen Augen, von denen das eine immer etwas geschlossen war.

Zuerst entdeckte ihn Frau Wohlfeil, die gerade ihr Federbett ans Fenster legte. Sie erschrak nicht schlecht, als sie der große Vogel unbewegt ansah!

Dann erblickte Herr Hölzenbein das seltene Tier. Er hatte links von der Birke seine Küche und war es gewohnt, jeden Tag Brotkrümel auf das Fensterbrett zu schütten. „Anna, komm mal leise her!" rief er seine Frau. „Siehst du den braunen Federrücken in der Birke?" – „Natürlich, Walter. Ist das eine Eule oder ein Waldkauz?" – „Klar. Ob der hier überwintert?"

Dem Waldkauz gefiel es in der Birke, er suchte sie immer tagsüber auf. Man taufte ihn Waldemar. Waldemar war das Gesprächsthema für die Bewohner der Blumenstraße. Das Wohnhaus Nummer 15 wurde zum Treffpunkt für viele alte Leute, die wegen ihrer oft schlechten Augen teilweise mit Feldstechern nach dem Käuzchen schauten oder das Tier fotografierten. Abends verschwand Waldemar, da lockte ihn das Waldleben und vielleicht ein reizvolles Weibchen, wer weiß . . .

Doch eines Tages war der Kauz nicht mehr in der Birke. War er für immer in seine Waldheimat zurückgekehrt? Inzwischen war nach milden Wintern Eis und Frost in diesem Jahr zurückgekehrt. Vielleicht saß der Waldkauz jetzt in einer geschützten Baumhöhle?

Eine Woche später blickte die Witwe Bauer nach einem über die Siedlung donnernden Flugzeug. Da fiel ihr auf, wie oben aus einem der Kamine ein Käuzchenkopf herausschaute! Das war doch i h r Waldemar! Er hatte sich eine wundervoll warme Käuzchenwohnung gewählt, sogar mit Kamindach über dem Kopf gegen Wind und Regenschauer. Ruhig beäugte er die Straßen- und Wolkenlandschaft.

Wieder gab es Gründe für die nicht mehr so scharf sehenden Senioren, ihre Feldstecher herauszuholen. Und die Witwen und Witwer wanderten etwas seltener auf den Friedhof, wo sie außer den Erinnerungen, Blumen und Gräbern noch Enten, Katzen und auch Bekanntschaften pflegten . . .

Aber auch als Kaminhocker hielt es Waldemar nicht länger als fünf Tage aus. Wieder war er weg, im Wald oder beim Weibchen verschollen, so dachten die Bewohner der Blumenstraße. Zwei Tage danach, an einem Samstagabend, läutete das Telefon bei Witwe Wohlfeil. Ihre Freundin Martha war am Apparat. „Stell dir vor, Karla, was ich heute erlebt habe . . ." – „Schieß los, Martha." – „Also, ich gehe auf unseren Speicher, um Wäsche abzuhängen. Da bin ich furchtbar erschrocken, so im Dämmerlicht." – „Hast du ein Gespenst gesehen, Martha?" – „Beinah. Ein Gespenst namens . . ." – „Namens Waldemar?" – „Jawohl, Karla, du hast's erraten. Waldemar, der Speichergeist!" Die Freundinnen kicherten glücklich. „Nun haben wir ihn wieder." – „Ja. Und weißt du, Karla, da ist mir eine gute Idee gekommen." – „Was für eine, Martha?" – „Ich lade alle Bekannten aus der Blumenstraße für morgen zum Kaffee ein, dich als erste." – „Danke schön, Martha, ich komme gern. Dann werden wir gemeinsam den Kauz besuchen, nicht wahr? Sag ihm einen schönen Gruß, er soll sich inzwischen ein Mäuschen jagen!"

So trafen sich also alle älteren Blumenstraßenbewohner, schlürften ihren Kaffee oder Tee, knabberten Weihnachtsgebäck, lachten viel und machten sich danach zur Speicherexpedition auf, immer zwei und zwei, um den heimgekehrten Vogel in seiner neuen Winterwohnung nicht zu verscheuchen.

Der nun nicht mehr einsame Waldemar schien seinen alten Bekannten zuzuzwinkern und plusterte sich zu ihrer Begrüßung auf.

Zufrieden stieg die Gesellschaft auf manchmal wackligen Beinen in die warme Wohnung hinunter. Und selbst die einsamsten und etwas verschrobenen Menschenkäuze unter ihnen fühlten sich beim Waldemar-Kaffeeklatsch wunderbar geborgen.

Das Märchen vom mozärtlichen Frosch

Patrick war krank. Er hatte Mumps oder Ziegenpeter und fand, daß er aussah wie ein aufgeblasener Frosch. Seine Eltern lebten getrennt, und sein Vater, ein Architekt, hatte das Sorgerecht für ihn. Über seinen Plänen, sagte er, hätte er manchmal prima Einfälle zu Geschichten. Und abends erzählte er sie dann dem achtjährigen Patrick, über die sich der Junge wieder gesundlachen sollte. Eine hieß „Der mozärtliche Frosch".

„Also, Patrick", begann sein Vater, „du weißt, daß wir in diesem Jahr ein sogenanntes Mozartjahr haben. Man feiert nämlich das 200jährige Todesjahr des großen Musikers." „Der ist aber alt geworden!" lachte Patrick. Sein Vater lächelte. „Ja, für manche Menschen lebt er immer noch. Die hören in diesem Jahr fast nur noch seine Musik, die sind ganz verrückt nach seinen Melodien. Fast wie zu seinen Lebzeiten." – „Man könnte auch sagen, Papa", ergänzte Patrick vorlaut, „daß sie geil auf diese Musik sind." – „Na, na", meinte sein Vater, doch er mußte lächeln.

„Gut, stellen wir uns mal so einen älteren, vielleicht schon pensionierten Professor vor, der viel Zeit hat. So einen ulkigen Typ mit Brille." – „So einen wie der Henninger", freute sich der Junge. „Dieser Typ", fuhr sein Vater fort, „nennen wir ihn . . ." – „Henninger, bitte, Papa!" – „Also, von mir aus. Professor Henninger hörte von morgens bis abends begeistert Mozart: Serenaden wie ‚Die kleine Nachtmusik', Violin- und Klavierkonzerte, Sinfonien, Streichquartette . . ." – „Was is'n das schon wieder?" wollte Patrick wissen. „Nun, da spielt man logischerweise zu viert, wie bei den Kartenspielen, nur eben auf Streichinstrumenten." „Alles klar, Paps. Gibt's da auch einen Gewinner?" Herr Wienand lachte. „Gott sei Dank nicht, sonst müßte einer schneller spielen als die anderen, und alles wäre futsch.

Doch jetzt geht's weiter. Dieser Professor Henninger liebte vor allem Mozartopern."

Patrick dachte: „Die Zauberflöte" zum Beispiel. „Nun hatte der Professor einen Frosch. Einen Wetterfrosch." Patrick verzog sein Gesicht zu einem Grinsen, wobei er wegen seiner Krankheit ganz schief aussah. „Der Frosch hatte ein Leiterchen und kletterte je nach Wetterlage hinauf und hinunter, machte also ständig Gymnastik und fühlte sich pudelwohl, äh, froschwohl bei dem älteren Herrn.

Er hatte sein Glas am Fenster neben der Stereoanlage stehen. Von da aus hörte er die herrlichsten Arien mit, z.B. ‚Der Vogelfänger bin ich ja', ‚Ein Mädchen oder Weibchen wünscht Papageno sich' oder ‚In diesen heil'gen Hallen.' Patricks Vater sang die Melodien immer an. „Man merkt, daß du im Kammerchor bist", kommentierte sein Sohn. „Kannst du auch die Arie der Königin der Nacht?" „Ich will's mal versuchen, obwohl es Koloratur ist: Ha ha ha ha-ha-ha-ha-haaa . . ." Das klang so komisch, daß sich Vater und Sohn vor Kichern fast verschluckten.

„Eines schönen Maitags nun war es dem Frosch recht langweilig. Immer saß er oben auf seinem Leiterchen und hatte keinen Grund, irgendwelche Gymnastik zu treiben, so lange schon schien die Sonne auf seine grüne Haut. Der Professor war gerade in die Stadt zum Einkaufen gefahren. Da kam ihm so ein Bedürfnis zu singen, äh, zu quaken. Doch das normale fröhliche quak-quak-quak gefiel ihm auf einmal nicht mehr. In seinem Froschhirn waren seit einiger Zeit ganz andere Töne gespeichert. Er öffnete also sein Froschmaul und begann . . ." Und nun fing Patricks Vater an, „Der Vogelfänger bin ich ja" zu quaken. „Spitze!" rief Patrick, „das muß ich auch mal probieren." Er stand auf, ging vor den Spiegel und bekam beinah einen

Lachkrampf, als er sein quakendes, geschwollenes Gesicht sah. „Jetzt bin ich wirklich ein Frosch!" – „Marsch, zurück ins Bett!" sagte Herr Wienand. „Erst dann erzähle ich dir weiter. Dem Frosch gefielen seine mozärtlichen Quakereien, vor allem sein Koloraturgequake so gut, daß er häufig übte. Es konnte nicht anders kommen, daß auch Professor Henninger in den Genuß seiner Kunst kam.

Der alte Herr glaubte seinen Ohren nicht zu trauen! „Welch ein einzigartiges Phänomen!" rief er ein ums andere Mal aus, „sowohl ein biologisches als auch ein musikalisches Wunder!" Er nahm das Mozartgequake auf und hatte vor, für verschiedene Fachzeitschriften Artikel darüber zu verfassen. „Papa, er könnte den Frosch auch an einen Zirkus verkaufen", überlegte Patrick. „Keine schlechte Idee", nickte sein Vater. „Doch mir ist ein anderer Schluß eingefallen: Der Professor liebte seinen Frosch von nun an, fing ihm deshalb die dicksten Fliegen und vertraute ihm fast wie einem Freund. Er nannte ihn nur noch Amadeus und sprach viel mit ihm. Amadeus wiederum mochte zwar den komischen Menschen auch gut leiden, doch mit seiner Kunst wuchs auch sein Freiheitssinn. Er fühlte sich immer mehr eingesperrt. ‚Ich bin kein gewöhnlicher Wetterfrosch, ich bin ein Künstler und brauche meine Freiheit wieder', dachte er. ‚Ich bin ein Gefangener dieses engen Glases!' Er bekam Heimweh nach seiner Familie und Sehnsucht nach einem Weibchen.

Als eines Tages im Juli das Fenster offen und das Papier auf seinem Glas nur ganz locker befestigt war, gelang es Amadeus zu entwischen. Gott sei Dank wohnte Professor Henninger im Erdgeschoß. Amadeus hatte solche Lust, bei dieser Hitze wieder einmal in einem Teich zu baden! Nach langer Irrfahrt, man sagt auch Odyssee . . ." – „Ich weiß, Papa, wegen Odysseus, der auf dem Meer umhergeirrt ist."

„Genau, Patrick. Aber eigentlich müßten wir wegen Amadeus jetzt zu seiner Irrfahrt Amadee sagen!" Und Herr Wienand lachte über seinen eigenen Sprachwitz. „Also, nach langer Amadee zeigte ihm sein Instinkt den Weg zu seinem heimatlichen Froschteich in einem nahen Wald der kleinen Stadt. War das ein Wiedersehen! Alle umarmten ihn, seine Eltern, Geschwister, Verwandten und Freunde, und die Glubschaugen von so mancher Froschmaid hingen bewundernd an Amadeus." Bei Glubschaugen platzte Patrick laut heraus. „Natürlich wurde ein großes Wiedersehensfest gefeiert, auf dem Amadeus zur großen Überraschung der Froschgesellschaft als Soloquaker mit Mozartarien auftrat! So etwas Außergewöhnliches hatte es noch nie an diesem Teich gegeben.

Amadeus soll so berühmt geworden sein, daß er von anderen Froschgesellschaften aufgefordert wurde, als Gast bei ihnen zu singen, äh, zu quaken." Patrick ergänzte lachend: „Als Superstar sozusagen! Sicher hat er sich bald auch eine besonders hübsche Froschmaid angequakt." – „Ganz bestimmt!" – „Aber was ist mit dem Professor Henninger geschehen?" – „Tja, da muß ich mal nachdenken, Patrick. Also: Henninger kam von seinen Einkäufen nach Hause und entdeckte mit Schrecken und Trauer, daß sein Wunderfrosch Amadeus fehlte. Erst suchte er ihn überall in der Wohnung, selber Mozartarien quakend, um ihn eventuell hinter dem Sofa oder unter dem Bett hervorzulocken. Doch vergeblich. Wie sollte er nun jemals beweisen können, daß auf seiner Cassettenaufnahme wirklich ein Tier zu hören war? Man würde ihn für den Quaker halten und ihn für verrückt erklären!

Aber der kleine Mann mit Brille fand bald wieder zu seinem Optimismus und seiner Phantasie zurück. Plötzlich kam ihm nämlich der Gedanke, daß er an den Sommerabenden alle Froschteiche der Umgebung aufsuchen würde, verbunden mit einer herrlichen Nachtwanderung, um den Froschkonzerten zu lauschen. Und vielleicht, nein, mit ziemlicher Sicherheit würde er irgendwann s e i n e n Amadeus wiederfinden... Eigentlich gönnte der Professor ihm ja seine Freiheit, wenn er ganz ehrlich war. Sie paßte so gut zu diesem außerordentlichen Tier! Hatte Henninger ihn erst wiedergefunden, würde er eine Froschkonzertführung zu seinem Teich veranstalten mit einer besonderen Überraschung für alle Tier- und Musikfreunde: mit einer Soloeinlage des musikalischen Froschwunders. Auf diese Weise würde Henninger sich sogar noch etwas dazuverdienen können..."

„Wenn er nicht Pech hat und der Superstar gerade auf Tournee ist!" meinte Patrick, und sein Papa nickte schmunzelnd. Zum Schluß wollte der Junge noch wissen: „Du, Papa, wann machen w i r mal wieder eine Nachtwanderung?" „Erst mußt du den Mumps loswerden und wieder ganz gesund sein, dann können wir über diese Sache nachdenken, klar, mein Junge?" Herr Wienand sagte Patrick gute Nacht und ging aus seinem Zimmer. Märchen erfinden und erzählen, dachte er noch, macht mir wirklich Spaß und dem Kind auch.

Räubersche
Laufpistole

Der Räubersohn und die Zauberpistole

Es war einmal ein Mann, der lebte mit seiner Frau und seinem Sohn Paul recht zufrieden. Er arbeitete in einer Fabrik. Ab und zu, vor allem am Wochenende, gingen alle zusammen spazieren, ließen Drachen steigen, lasen sich Märchen vor, spielten mit der Eisenbahn oder mit Autos.

Eines Tages aber wollten der Mann und die Frau ein Häuschen bauen wie ihre Nachbarn. Sie hatten zwar einen Sparvertrag, mußten sich jedoch noch viel Geld dazu leihen. Und seit diesen Tagen hatten sie kaum noch Zeit zum Spielen. Fast alles drehte sich ums Geld und ums Sparen, um Handwerker und um Baumaterial.

Als das Haus endlich fertig war, wurde der Mann arbeitslos. Sein Arbeitslosengeld war viel geringer als sein ehemaliger Lohn. Aber der Mann mußte doch monatlich das geliehene Geld wieder zurückzahlen! Er war verzweifelt. Schließlich kaufte er sich heimlich eine echte Pistole. Mit einem Strumpf verkleidete er sich als Räuber, wie er es so oft in Krimis gesehen hatte. Dann überfiel er eine Bank in der großen Stadt. Er hoffte, dort würde ihn ja niemand kennen.

Doch er kam nicht weit mit seinem Koffer voll gestohlenem Geld. Die Polizei verfolgte seinen Wagen und überwältigte den Räuber. Und das Gericht verurteilte ihn zu einer mehrjährigen Gefängnisstrafe. Das geraubte Geld wurde ihm natürlich abgenommen.

Oh, wie oft die Mutter und Paul nun weinten! Die Frau mußte jetzt selber in der Fabrik arbeiten, wo man sie aus Gefälligkeit eingestellt hatte. Das schöne Häuschen der Familie auf dem Land wurde versteigert. Und Paul zog mit seiner Mutti in eine kleine, düstere, laute Mietwohnung in der großen Stadt. Wenigstens konnten sie von dort gut den Vater im Gefängnis besuchen. Oft brachten sie ihm Kuchen und Bücher oder Zeitschriften mit.

An einem Frühlingstag machte Paul allein einen Besuch bei seinem Papa. Der streichelte ihn und sagte leise: „Hier, Paul, hasch etwas Geld. Kauf dir was Schönes." – „Ja. Danke, Papa." – „Bub, denksch manchmal an mich?" – „Natürlich, Papa." – „Mach nix Dummes, nix Schlechtes. Sonst kommsch wie ich vom rechten Weg ab. Und fällsch tief." – „Klar, Papa."

Nachdem sich Paul von seinem Vater verabschiedet hatte, ging er zu einem prächtigen Spielwarengeschäft mit drei Stockwerken. Er stöberte lange darin herum. Zum Schluß kaufte er sich das, was ihm im Augenblick am besten gefiel, nämlich eine Spielzeugpistole.

Zu Hause spielte er „gefürchteter Räuber". Er machte ununterbrochen „peng! peng!" Dann erschreckte er seine Spielkameraden, vor allem die Mädchen, indem er schrie: „Hände hoch! Geld her! Auf der Stelle ergebt euch. Keinen Mucks machen! Oder ich schieß' euch tot!" Paul hatte sich noch Platzpatronen gekauft. Und da seine Mutter bis fünf Uhr schaffte, konnte er nach der Schule und den Hausaufgaben und wenn er gerade nicht fernsehen wollte, ungehindert in der Wohnung herumknallen. Wie seine geliebten Westernhelden. Niemand schimpfte mit ihm, anders als in der Schule. Waren Freunde von ihm da, fielen sie im Spiel um wie Tote. Oder sie verhafteten Paul, legten ihm Handschellen an und schrien: „Ab ins Gefängnis mit dir, du Verbrecher!"

Irgendwann fing es an, daß Paul dieses Räuberspiel langweilig, ja sogar scheußlich fand. Plötzlich hörte er die letzten Sätze seines Papas wieder in sich, die er ihm vor dem Spielzeugpistolenkauf gesagt hatte. Und er sah den Vater vor sich, wie er allein in seiner Zelle an dem kleinen Tisch aß und durch das vergitterte Fenster traurig in die Zweige der Birke schaute, die im Gefängnis wuchs. War sein Vater wirklich ein Verbrecher?

Und konnte Paul nichts Fröhliches mit seiner Pistole anfangen? Weil es schon den ganzen Vormittag geregnet hatte, ging er nachmittags auf den Spielplatz, als es sich wieder aufhellte. Aber immer noch hing eine dunkle, dikke Regenwolke über den Schaukeln. Die Kinder schauten unlustig auf die Pfützen bei der Rutschbahn. Da holte Paul seine Pistole aus der Tasche und zielte damit auf die Wolke. Und was meint ihr, was geschah? Es machte „pflopp", und die Wolke zerplatzte! Tatsächlich! Dafür zeigte sich jetzt die Sonne und zwinkerte fröhlich auf die Kinder hinab. Die freuten sich natürlich und schaukelten hoch in den nun nicht mehr so grauen Himmel hinein.

Oft kam Pauls Mutter müde und schlechter Laune von der Arbeit. Da Paul ja genug Zeit zum Nachdenken hatte, richtete er eines Abends unaufgefordert das Abendessen und deckte den Tisch, bevor seine Mutti die Wohnungstür aufschloß. Seine Pistole hatte er meistens bei sich. „Peng, peng!" rief Paul, „ich schieß' meiner Mutti alle Müdigkeit weg!" Und was sah er? Vorn aus der Pistolenmündung wuchs ein hübscher, wohlriechender Feldblumenstrauß. Paul stellte ihn in eine Vase mit Wasser.

Als seine Mutter nach Hause kam, verriet er nichts von dem Kunststück seiner Zauberpistole. Aber ihr hättet das glückliche Gesicht sehen sollen, mit dem Pauls Mutti ihren kleinen Räubersohn anschaute! An diesem Abend spielte sie noch einige Male „Mensch, ärgere dich nicht!" mit ihm.

Die alte Frau Schmidt vom ersten Stock, der der Garten hinter der Mietskaserne gehörte, klagte ständig über die gefräßigen Schnecken, die ihr den ganzen Salat wegknabberten. Wieviel Bier mußte sie immer kaufen, um sie zu ersäufen! An einem schönen, warmen Abend nahm Paul seine Zauberpistole, schlich sich in den Garten der Frau Schmidt und zielte auf all die hungrigen orangefarbenen, nackten Tiere, die da im Dunkeln herumkrochen. „Peng, peng, ihr sollt euch in etwas Schönes, Nützliches verwandeln!" Am nächsten Morgen schaute Paul nach, was sich die Pistole ausgedacht hatte. Über dem Gärtchen flatterten die buntesten, zartesten Schmetterlinge! So konnte Frau Schmidte von jetzt ab abends ihr Bier selber trinken . . .

Paul hatte einen Freund, Benjamin, den er sehr mochte. Benjamin hatte nur einen Fehler: Er war langsam und etwas ängstlich. Die Klassenkameraden hänselten ihn deswegen ab und zu und riefen ihm nach: „Angsthase! Pfeffernase!" Das tat Paul leid.

Da lieh er Benjamin für einen Nachmittag seine Pistole und noch seinen Cowboyhut, damit er echter aussah. Die Jungen wollten im Wald Räuber und Gendarm spielen. „Peng, peng!" knallte Benjamin mit der Zauberpistole und sprang wie ein Wiesel von Baum zu Baum; und wie ein Indianer versteckte er sich hinter Büschen und Farnen. Kein Gendarm konnte ihn fangen! Er war ihnen auf einmal zu schnell geworden. Da nannten sie ihn „den schnellen Bill". Seit diesem Nachmittag war Benjamin wie verwandelt. Und Paul war stolz auf seinen Freund.

Als Pauls Vater im Gefängnis eine schwere Grippe bekam, besuchte ihn Paul jeden zweiten Tag. Nur, was ihm immer mitbringen? Sein Geldbeutel mit dem Taschengeld war viel zu rasch leer. Und auch in seinem Kopf war ein großes, trauriges Loch. Sicher, Papa erwartete nichts. Doch Paul hätte ihm so gern immer wieder eine Freude gemacht. So versuchte er sein Glück mit seiner Zauberpistole. Kaum hatte er ein bißchen geballert, da füllte sich sein leerer Kopf mit Phantasie und den komischsten Geschichten ... Von denen brachte er seinem Papa immer wieder eine neue mit. Und er raubte ihm seine Langeweile, vielleicht sogar seine Krankheit einfach weg.

Paul wurde älter, ernster, nachdenklicher. Er erkannte, daß nicht nur sein Vater vom rechten Weg abgekommen war. Es gab ja viele verborgene Verbrecher, die zum Beispiel heimlich Gift in die Flüsse leiteten, die gefährliche Abfälle auf normale Müllplätze kippten, die Menschen, sogar kleine Kinder, raubten und sie gegen Geld freizupressen versuchten. Manche wurden aus vielerlei Gründen und Trieben zu Mördern. Und wurden in einem Krieg nicht alle zu verbrecherischen Taten verpflichtet? Nein, sein Vater, der mit seiner Pistole niemand verletzt hatte, war nicht der Schlimmste. Er hatte einen neuen Beruf im Gefängnis gelernt, das Schreinerhandwerk, und er würde wahrscheinlich wegen guter Führung doch früher entlassen werden.

Paul schloß sich anderen jungen Leuten an. Gemeinsam wollten sie etwas für die kranken Wälder und die verseuchten, sterbenden Gewässer tun. War Paul allein, nahm er manchmal heimlich seine Zauberpistole mit. Dann schoß er zum Spaß in die Luft und träumte, daß sie über den von Abgasen und saurem Regen zerstörten Bäumen wieder ein bißchen reiner würde. Kam er an einen Fluß, von dem es hieß, es gebe für lange Zeit kein Leben mehr in ihm, schoß Paul wütend in das vergiftete, stinkende Wasser und hoffte, daß wieder neue Pflanzen wüchsen, Tummelplätze für eine glücklichere Generation von Fischen. Zu viele hatte man nämlich tot herausgeschöpft.

Doch Paul glaubte in diesen Jahren nicht mehr an seine Zauberpistole. Vielmehr glaubte er an die Kraft seiner Freunde und an seinen Vater, der wegen guter Führung nun wieder heimkehrte und nicht mehr in der Fabrik, sondern in einer eigenen Schreinerwerkstätte arbeitete.

Als Paul in das Alter kam, einen Beruf zu erlernen, wollte er Bankangestellter werden. Seine Zauberpistole träumte bei alten Spielsachen aus Kindertagen auf dem Speicher.

Paul hatte inzwischen selber eine kleine Wohnung. Da verliebte er sich in ein Mädchen. Es war nicht das erste Mal, daß ihm dieser Zauber widerfuhr. Doch nachdem er das Herz des Mädchens geraubt und ihm dafür sein eigenes geschenkt hatte, spürte er, daß dieser glückliche Tausch dauerhaft war.

Nina und Paul heirateten. Und weil Paul gut verdiente, planten die beiden, ein Haus zu bauen. Es lag wie das unglückliche Haus aus Pauls Kindheitstagen auf dem Land. Pauls Eltern zogen in den obersten Stock. Und eine Schreinerwerkstatt gab es auch noch. Darin schnitzte Pauls Vater ein Schaukelpferd für künftige Enkel.

Leider starb der Vater, bevor Paul und Nina ihr erstes Kind bekamen. Als zwei kleine Buben in dem großen Haus herumtollten, holte Paul seine alten Spielsachen vom Speicher ... Da war sie ja, seine alte Zauberpistole! Er gab sie seinen Kindern; denn wie echte Buben wollten sie natürlich auch Räuber und Gendarm spielen. Paul meinte: „Es ist besser, ihr spielt 'nen Überfall, als daß ihr so was in Wirklichkeit erlebt ... Spielt nur Cowboys und Räuber, aber denkt dran, Kinder: Echte Pistolen können Menschen zu Krüppeln schießen oder sogar töten! Auf jeden Fall können sie Unglück verbreiten." Ob Boris und Uwe die Tränen in Omas Augen gesehen hatten? Sie sollten erst viel später die Wahrheit über Großvater erfahren.

Nein, die Buben hatten die Tränen nicht bemerkt. Fröhlich setzten sie sich auf Großvaters Schaukelpferd, warfen ihr Lasso aus, schrien: „Jippie, je, je!" und knallten mit der Zauberpistole.

Doch statt dem Knallen der Platzpatronen hörten Pauls und Ninas Söhnchen auf einmal etwas ganz anderes: Sie hörten die Anfangsmelodie von dem hübschen Lied „Der Cowboy Jim aus Texas . . ." Na, so was! Die Zauberpistole ließ sich ja noch immer etwas Neues einfallen!

Und als Boris und Uwe im Wohnzimmer eine Verfolgungsjagd begannen, blickten sie im schnellen Lauf auch flüchtig auf Opas Bild über dem Schreibtisch. Da war es ihnen, als ob der Großvater ihnen zublinzelte . . .

Jan Neinerich und der Offiaffi oder der Chamäleonszwerg

Es lebte einmal ein kleiner Junge im Schwarzwald. Der hieß Jan. Er war zwei Jahre und sieben Monate alt und merkte seit einiger Zeit, wieviel Kraft in ihm steckte. Und was man alles anstellen konnte.

Wenn seine Mami strickte, schlich er sich lautlos an. Dann schnappte er den Wollknäul und sprang damit durch das ganze Zimmer. Manchmal rannte er mit ihm auch um den Tisch und die Stühle.

Mami schrie zwar: „Laß das sein!"
Doch Jan schrie nur: „Nein, nein, nein!
Nein, ich w i l l das! Das macht Baß!
Hör nit auf . . . Gern macht Jan das . . .!"

Ihr müßt nämlich wissen: Der kleine Junge konnte noch nicht Spaß sagen. Auch noch nicht Spatz. Auch noch nicht Schneider. Er sagte immer: „Ich heiße Jan Neider." Und: „Draußen isse Batz."

Oft wickelte Mami Susi, Jans Schwesterchen. Das Baby war gerade ein halbes Jahr alt. Auf dem Wickeltisch stand die Klopapierrolle. Schwuppdiwupp hatte Jan sie sich heruntergeangelt.

Mami schrie zwar: „Laß das sein!"
Doch Jan schrie nur: „Nein, nein, nein!"

Schon machte er aus Klopapier eine lange Schleppe. Oder er legte Schleifen. Oder er versuchte an sich einen Kopfverband. „Jan, gib mir das Klopapier! Ich brauch' es doch für die Susi. Wickel es wieder auf, bitte!" Das Baby krähte. Und Jan rief vom hintersten Eck des Kinderzimmers:

„Nein! Nein, ich w i l l das!
Das macht Baß! Hör nit auf . . .
Gern macht Jan das . . ."

Abends durfte der kleine Junge zwei- oder dreimal in der Woche mit seiner Schwester in die Badewanne. Katja war fünf. Sie war schon sooo vernünftig! Und war ganz närrisch auf das Baby. Oder spielte mit ihren Kindergartenfreundinnen. Mit ihm spielte sie gar nicht mehr gern.

Ha, wie sich Jan auf das Baden freute! Wie er mit seinen Händen Wellen machte! Wie sein Boot in Seenot kam! Wie er seine Schwester naßspritzte!

Katja schrie zwar: „Laß das sein!"
Doch Jan schrie nur: „Nein, nein, nein!
Nein, ich w i l l das! Das macht Baß!
Hör nit auf . . . Gern macht Jan das . . .!"

Wenn der kleine Junge badete, war der Boden hinterher immer ein See.

Eines Tages waren Jans Eltern ziemlich mit den Nerven fertig. Das Baby war krank und schrie viel, auch nachts. Katja wollte vor dem Schlafengehen nicht aufräumen. Und Jan? Er tobte im Bad herum, wo Papa versuchte, ihm die Zähne zu putzen. Als Jan sich wehrte und strampelte, gab ihm Papa einen festen Klaps. Jan sah die Zahnpastatube, packte sie und drückte ganz fest hinten drauf. Eine weiße Zahncremeschlange kroch am Fußboden. Und Spritzer gab es auf dem Waschbecken.

Papa schrie zwar: „Laß das sein!"
Doch Jan schrie nur: „Nein, nein, nein!"

Er wollte noch sagen: „Nein, ich w i l l das!" Und er wollte noch mehr wunderbar weiche weiße Creme herausspritzen lassen. Aber da hatte sein Papa ihn schon angebrüllt: „Du trotziger Bengel! Du kommsch net eher aus dem Bad, bevor du die Zahncreme aufgewischt hasch, verstanden?!" Und rasch zog er den Schlüssel ab, ging hinaus und schloß von außen ab.

Oh, ihr hättet Jan in seinem Zorn weinen und schreien hören sollen! Nein, nein, nie wischte er die Zahncreme auf, nie! Er trommelte wild gegen die Tür.

Plötzlich hörte er ein hohes, ein wenig heiseres Stimmchen. „Na, du tust dir nur an den Händen weh." Der Junge schaute erschrocken umher. „Hahaha, hier bin ich, Kleiner." Auf dem Sims des leicht geöffneten Dachfensters saß ein seltsames Wesen. Es war wohl ein Zwerg mit grünen Haaren, einer roten Nase, großen, herausquellenden Augen und elefantenähnlichen Ohren. Welche Mißgeburt! „O Gott...", seufzte Jan. Das hatte er von seiner Mutter. „Wer bisch du?" Jan hörte auf zu toben. Er hatte Angst. „Ich bin der Offiaffi." Jan verzog das Gesicht. „'n komischer Name. Bisch häßlich. Igitt." Der Zwerg blickte traurig auf den kleinen Jungen. „Ein bißchen deine Schuld." – „Was?" fragte Jan ungläubig. Er verstand gar nichts. „Ich muß Pipi. Nit weggehn!" – „O nein, nein, nein." Der Offiaffi kicherte. „Nein, das ist doch eines deiner Lieblingswörter, gell?" „Was?" Jan verstand wieder nichts, weil er gerade spülte.

„Wie heißt du denn, du kleiner Pipimann?" Nun kicherte Jan. „Jan Neider." – „Aha. Ich werde dich Jan Neinerich nennen." – „Neinerich?" Jan gluckste vor Lachen. „Sagsch lauter komische Sache."

Der Zwerg hüpfte geschickt von dem Fenstersims auf die Dusche und dann auf den Badewannenrand. Dort setzte er sich mit gekreuzten Beinen hin. „Jan Neinerich, ich seh' von dir fast nur noch Streiche." – „Isch doch luschtig." „Schon. Für dich. Aber denk auch mal an deine Mami. Die muß sich dann so aufregen. Und außerdem, Kleiner, hat sie doch jetzt viel Arbeit mit eurem Baby, nicht wahr?" Jan schmollte. „Immer die Susi." – „Magst du dein Schwesterchen nicht?" Pause, Stille. „Darfst du's streicheln, wenn es bei der Mami trinkt?" Jan nickte und lächelte ein wenig. Dann etwas leiser: „Aber keiner pielt mehr so gern mit mir, weisch . . ." – „Ja, ich weiß. Hör zu, Jan: Sag nicht mehr so oft nein! Und hilf mal deiner Mama etwas mehr. Dann hat sie auch wieder Zeit für dich." Jan schob die Unterlippe vor: „Ich mag dich nit. Bisch blöd."

„Wirst mich schon mögen, wenn ich nicht mehr ganz so häßlich bin wie jetzt. Bei jedem deiner Streiche quellen mir nämlich meine Augen etwas mehr hervor." – „Du pinnsch", konnte der Junge dazu nur sagen. „Doch, doch. Ich bin ein Chamäleonszwerg. Ich verändere stets meine Gestalt. Und bei deinem Neingeschrei wachsen meine Ohren." Nun mußte Jan laut lachen. Er hatte die Elefantenohren schon lange angestarrt. Jetzt ging er nah an den Zwerg heran.

„Darfst sie ruhig mal streicheln." – „Waren die mal kleiner?" „Klar, Jan, so klein und rosig wie deine." „Oh . . ."

Da hörten sie die Schritte des Vaters. „Na, Bub, hasch die Zahnpasta aufgewischt?" Der Offiaffi flüsterte: „Sag ja, Jan. Ich helf' dir dabei." – „Ja", hauchte der Junge. „Wie bitte? Ich versteh dich' nit, Bub!" Der Dreikäsehoch versuchte, das schwierige Wort etwas lauter auszusprechen. „Ja!" Der Zwerg hatte ihm inzwischen das Schwammtuch gebracht. Jan zog die Nase hoch. „Ich will aber nit", schluchzte er leise. Da sprang der Offiaffi auf seine Hand und bewegte sie wie mit einem Zauberstab. Tatsächlich, die weiße Zahncremeschlange und die Spritzer waren verschwunden! „Fertig!" rief Jan laut und glücklich.

Papa öffnete die Tür. „Hasch ja lang dazu gebraucht . . ." Dann aber strich er seinem Kind über den wuscheligen schwarzen Kopf und trug ihn dann huckepack zum Abendessen.

Einige Tage später saß die Familie bei Tisch. Zuerst fiel Susi ein Löffel herunter. Die Mami hob ihn auf. Darauf warf Jan seine Gabel unter den Tisch. „Meine Gabel! Hol sie mir, Mami!" –„Nein, Jan, du hast sie absichtlich runtergeworfen." – „Die Susi auch." Mami lachte. „Sicher. Aber du bist doch schon viel vernünftiger und kannst sie selber holen!" – „Nein, du holst sie mir!" – „Nein, die Gabel holst du dir oder keiner sonst!" Jan lief schon rot an und wollte mit seinem Geschrei beginnen. Da tippte ihm jemand auf die Schulter. Hinter ihm, auf dem Kachelofen, saß der Offiaffi! Er wisperte an Jans Ohr.

„Hol die Gabel,
halt den Schnabel!
Schau mal meine Ohren an,
kleiner Jan!
Seit deinem letzten Ja
sind die Elefantensegel nicht mehr da!"

Wirklich, der Zwerg hatte zwar immer noch auffallende Ohrwatscheln, aber Elefantensegel waren es nicht mehr. Und das hatte er, Jan, geschafft? „Na, wird's bald, holsch jetzt die Gabel?" Das war Papas robuste Stimme. „Ja", brummte der Junge und kletterte unter den Tisch. „Du, Jan, nimmsch auch gleich die Rassel von Susi mit, sei so gut", sagte Mami. „Nein", wehrte sich Jan, „hab ich nit runtergewerft." – „Geworfen heißt das", lachte Katja. „Du kannst auch mal was für das Baby tun!" – „Nein, ich will net. Blöde Susi." Ehe der Vater den Mund öffnete, sagte Katja: „Ich hol' die Rassel schon, Mami."

„Danke, Katja. So", sagte Frau Schneider, „weil du immer so bockig bist, Jan, darfst du morgen nicht die ‚Biene Maja' anschauen." Schon heulte Jan. Herr Schneider schaute etwas unglücklich. Dieses Verbot hätte er jetzt nicht ausge-

sprochen . . . „Ich w i l l aber die ‚Biene Maja' sehen, ich
w i l l aber . . ." – „Schluß jetzt mit dem Geplärre!"

Beim Ausräumen der Geschirrspülmaschine wurde Frau Schneider nachdenklich, bekam ein schlechtes Gewissen. Hatte sie sich richtig verhalten? Da traute sie ihren Augen nicht: Auf einer Tasse hockte ein winziges Männchen mit grünen Haaren. Na, wer wohl? Der Offiaffi natürlich. Diesmal waren seine Augen und Ohren in normaler Größe, doch seine rote Nase hing ihm fast bis zum Kinn. Und er hatte einen schweren Buckel.

Das helle, heisere Stimmchen sagte vorwurfsvoll: „Du warst nicht gerecht. Der Jan hat euch doch schließlich gefolgt und die Gabel geholt!" – „Du, du kannst sprechen?" – „Sicher." – „Aber die Rassel hat er liegenlassen!" – „Natürlich, weil er das Baby noch ablehnt. Weil er eure Aufmerksamkeit sucht." – „Ich weiß, du komischer Zwerg."

Einerseits lehnt Jan das Baby noch ab. Andererseits streichelt er es gern und hält es gern im Arm. Eigentlich seltsam." – „Aber so sind sie oft, die Älteren. Meine Liebe, schau dir mal meinen Buckel an und meine lange Nase. Ist sie nicht besonders häßlich?" – „Allerdings", lachte Frau Schneider. Der Offiaffi sprang auf den Besteckkasten in der Spülmaschine und schüttelte seine grünen Haare. „Ich bin vom seltenen Stamm der Chamäleonszwerge. Wir ändern unsere Gestalt je nach dem Wesen der Menschen und nach deren Umgebung." – „Ich glaub', ich träume", sagte Jans Mutter leise vor sich hin. „Ja, und die Tränennase und den Kummerbuckel, den habt ihr mir gemacht, du und dein Mann." – „Du spinnst ja!" Der Offiaffi kicherte. „Das hat mir Jan auch mal gesagt." Frau Schneider schaute entgeistert. „Der kennt dich a u c h ?" – „Genau! Da staunst du, was? In meinem Buckel steckt Jans verborgener Kummer drin. Und meine Nase ist von seinen vielen Tränen immer länger und geschwollener geworden. Euer Bub glaubt nämlich, daß ihr ihn nicht mehr so liebt wie früher. Deshalb macht er so viele Streiche!"

Frau Schneider setzte sich seufzend auf ihren Küchenstuhl. „Vielleicht hast du recht, du komischer Chamäleonszwerg." „Offiaffi heiße ich", sagte das Männchen und machte eine Verbeugung. Frau Schneider lächelte. „Angenehm", sagte sie. „Katja hat ja auch manches angestellt in Jans Alter." „Nein, so tolle Dinger wie der Knirps doch nicht . . ." Der Zwerg trippelte nun am Boden entlang und setzte sich auf Frau Schneiders Schuhe. Dann erhob er sein Zeigefingerchen: „Sehr gut, du denkst nach! Ja, mit Katja warst du ruhiger . . . Ach, ihr glaubt nicht, wie mir meine geschwollene rote Riesennase weh tut wegen all dieser Kummer- und Trotztränen!" Der Offiaffi holte ein kariertes Taschentuch hervor und schneuzte sich. Frau Schneider war gerührt und selber den Tränen nahe. „Was soll ich denn jetzt tun, Offiaffi?" Der Zwerg kreuzte die Arme über der Brust. „Ihr müßt euern Jan im Augenblick besonders liebhaben, ihn oft loben und viel mit ihm schmusen." – „Gut. Und auch mal mit der Susi schimpfen, wenn es auch nur Spaß ist, stimmt's?" – „Ich glaub' wir verstehen uns!" lachte der Offiaffi und machte ein Tänzchen. „Tschüs, bis bald mal wieder und dann hoffentlich ohne Buckel." Weg war er.

Da öffnete sich die Küchentür und Jan erschien mit verweinten Augen. „Darf ich die ‚Biene Maja' morgen sehen?" fragte er leise. Frau Schneider zog ihren kleinen Jungen an sich. „Ja, Spatz, du darfst. Ich hab's mir noch einmal überlegt. Die dumme Susi wirft auch immer so viele Sachen runter. Komm, du bekommst ein Küßchen von mir." Jan strahlte schon wieder und streckte sofort bereitwillig seine runden Bäckchen der Mami hin.

Trotzdem müßt ihr nicht glauben, der Jan sei über Nacht ein braver Junge geworden ... Dazu hatte er zu viele Streiche im Kopf. Eines Nachmittags nahm er einen Bleistift und vermalte zwei wunderschöne weiße Türen. Oje! Die Mami sah's und wurde sehr ärgerlich. Schon wollte sie mit Jan schimpfen, da sah sie, nur sie allein, oben auf der Tür den Offiaffi sitzen. Seine Nase war schon kleiner geworden, auch sein Buckel. Verschmitzt deutete er darauf. Da dachte Frau Schneider an Katja. Die hatte doch einmal die Wohnzimmerwände verkritzelt ... Kommen nicht alle Kinder irgendwann auf solche „Verschönerungsideen?"

Also schluckte Frau Schneider ihre Heftigkeit herunter, so gut es eben ging, und sagte: „Schade, Jan, daß du unsere hübschen Türen verkritzelt hast. Bitte, Spatz, mach das nicht mehr. Dafür gibt es doch weißes oder buntes Papier. Soll ich dir welches geben?" – „Ja, Mami." – „Gott sei Dank hast du keinen Filzstift genommen." – „Warum?" – „Weil der nicht mehr weggeht!" – „Aber Bleidift geht weg, oder, Mami?" – „Den kann man vielleicht wegradieren, Jan. Versuchst du's mal?" – „Au ja!" Über dieses „Au ja" mußten Frau Schneider und der Offiaffi gleichzeitig lachen.

Frau Schneider hatte ihrem Mann nichts von dem Chamäleonszwerg erzählt. Der hätte sie nur ausgelacht und gesagt: „Du hasch wohl ein bissel viel Märche gelese, liebe Heidrun!"

Am Abend kam Herr Schneider meist müde nach Hause. Er hatte ein Lebensmittelgeschäft. Und nach der Arbeit wollte er Zeitung lesen, ein Bier trinken, fernsehen und mit dem Baby schmusen. „Papa, spielsch heut mit mir Eisenbahn?" – „Ich bin einfach zu müd dazu, Bub. Viellicht morge." „Des hasch gestern schon gsagt." „Am Sonntag bestimmt." – „Da hab i c h vielleicht kei Luscht, Papa."

Jan zog sich schmollend ins Kinderzimmer zurück. „Hallo!" sagte eine helle, heisere Stimme. Diesmal saß der Offiaffi auf dem Schirm der Stehlampe. „Das ist nicht gut, nicht gut." – „W-w-was?" stotterte der Mann. „Daß du deinem Jan ein Spiel versprichst und es dann immer verschiebst." – „A-a-aber ..." „Wozu hat man denn Kinder, Werner? – „W-w-wozu?" Der verblüffte Mann bekam seinen Mund nicht mehr zu. Der Offiaffi grinste. „Ja, wozu? Nur zum Anziehen, zum Anschauen, zum Ernähren und Erziehen, he? Du mußt ab und zu mit ihnen spielen, jawoll, jawoll! Das tut dir gut, das tut ihnen gut. Es wird dir abends deine Erwachsenenmüdigkeit wegblasen, wart's nur mal ab. Und du wirst dich an deine Kindheit erinnern, als du noch ein Zwerg gewesen bist." Herr Schneider kratzte sich hinter dem Ohr. „Ja, aber" – „Aber was?" Der Chamäleonszwerg sprang vom hinteren Rand der Lampe auf den vorderen Rand, drehte sich um und zeigte auf seinen Buckel. „Schau auf meinen Buckel. Will wachsen. Jans Tränen und sein Kummer sind drin. Und Katjas Langeweile sammle ich auch ein." – „Ja, zum Teufel, gibt's denn so was wie dich?" – „Natürlich. Und jetzt guck mal auf meine Hände. Sind die nicht schrecklich teigig und ungeschickt?" – „Hm." „Kommt von dir, weil deine Hände nur noch verkaufen, aber nicht mehr spielen und basteln können." – „Dummer Quatsch!"

Herr Schneider wischte sich über die Augen, als könne er so das lästige unglaubliche Bild von diesem Offiaffi wegwischen. Doch der Zwerg machte einen Handstand und rief ihm aus dieser Haltung zu: „Mach mal wieder einen Purzelbaum, spiel Eisenbahn oder falte 'nen Flieger, he! Dann glaubst du auch plötzlich an mich, alter Werner! Adieu!" Und weg war der Offiaffi, in die Dunkelheit des übrigen Zimmers hinein verschwunden.

Nach einer Pause rief Herr Schneider: „Du, Jan, richt mal die Eisenbahn! Ich komm' doch noch zu dir ins Kinderzimmer!" „Au ja, Papa!" Jan kam sofort angesprungen. „Du bisch lieb, Papa." Wie gut das tat...

Auch Jans Schwester erschien der Offiaffi. Der Zwerg hatte harte Arbeit in dieser Familie zu leisten. Gerade war Katja vom Kindergarten zurück und spielte – na ja, wenn's halt sein mußte –, ein wenig mit dem kleinen Bruder. Aber sofort gab's Streit. Katja tanzte nämlich mit einem Luftballon ständig vor Jans Nase herum.

Sie köpfte ihn viel zu hoch in die Luft, so daß Jan ihn nie fangen konnte. Jan quängelte: „Ich will ihn au hab'n, gib her!" Als alles Jammern den Luftballon nur höher in die Luft trieb, schrie Jan: „Scheißdreck! Dumme Kuh!" und kniff seine Schwester fest ins Bein. Die jaulte auf und zog ihren Bruder an den Haaren. Jan heulte und rannte zu seiner Mama, die im Schlafzimmer das Baby stillte.

So blieb Katja allein im Kinderzimmer und kickte unlustig den gelben Luftballon mit dem Fuß weg. „Gell, jetzt hast du niemand mehr zum Ärgern." Wer war denn noch im Zimmer? Katja zuckte zusammen. Das war doch nicht die Stimme ihrer Mami, die ja eigentlich ihre Ruhe brauchte. Ein bißchen hatte Katja ein schlechtes Gefühl, ein kleines bißchen wenigstens.

„Hier bin ich. In deinem Puppenwagen." Das Mädchen schlich sich an. Was war denn das? Auf der Zudecke, auf dem Bauch ihrer Babypuppe, lag, eine Hand aufgestützt, ein winziges Männchen. Es hatte eine rote Nase und auffallend wenig zottelige grüne Haare ins Gesicht hängen. Prüfend sah es Katja an. „Mußt du deinem Brüderchen in letzter Zeit immer zeigen, wieviel größer du bist und wie du so vieles besser kannst? Ihr hättet euch doch den Luftballon wunderbar zuspielen können, oder? Bist du im Kindergarten auch immer die Stärkere, erzähl' mal!" Das Mädchen schwieg vor Schreck.

„Na, hat's dir die Sprache verschlagen? Jan hat mir gleich 'ne Antwort gegeben, der war nicht so schüchtern wie du."
„Ja – hat der dich denn schon mal gesehen?" flüsterte Katja. „Klar. Ich sah zwar etwas anders bei ihm aus, aber ist ja egal. Bei dir hab' ich so furchtbar wenig Haare. Und was meinst du, warum?"

Katja motzte: „Woher soll'n ich das wissen!" – „Natürlich, woher sollst du das wissen? Ich verrat' dir was: Wenn du weiter Jan so oft an den Haaren ziehst, dann werden mir auch noch die letzten grünen Strähnen ausfallen . . . Dann krieg' ich armer Offiaffi 'ne Glatze . . ."

Katja verteidigte sich: „Jan kneift mich ja so oft." – „Schon, schon", nickte der Offiaffi. „Doch nur, wenn er sich über was ärgert, stimmt's?" Nun nickte das Mädchen. Der Zwerg setzte sich auf. „Wenn du mit Jan zum Beispiel Kasperletheater spielst, kneift er dich dann auch?" – „Nein . . ." Der Zwerg lachte. „Siehst du, das machst du gern. Und womit spielst du am liebsten, Katja?" Katja dachte nach. „Mit meinen Puppen, du komischer Zwerg." Jetzt tappte der Chamäleonszwerg vorsichtig über die Puppenwagensteppdecke, wobei seine winzigen Füße mit den roten Schuhen wie im Schnee immer einsanken. Schließlich balancierte er über die Puppenwagenlenkstange wie über ein schwieriges Turngerät. „Hast du mit Jan schon einmal Puppenmama und Puppenpapa gespielt?" Katja lachte über die Kunststücke des Kleinen. Dann meinte sie: „Nee, der is doch ein Junge, der findet das sicher doof." Der Offiaffi drehte sich zu der Babypuppe Ellen um. „Bist du da so sicher? Ich bin auch ein Männchen und war mal ein

Zwergenjunge. Aber mit deiner Puppe würde ich sofort noch mal spielen: Kleider raussuchen, Puppe ausziehen, Puppe baden, Puppe streicheln, mit Puppe schimpfen – so wie's deine Mami mit eurem Baby tut. Glaubst du nicht, daß dein Bruder dabei gern mitspielen würde?"

Katja sprang in die Luft. „Doch, doch! Ich ruf' ihn gleich zu uns. Ja-an! Komm mal in mein Zimmer, wir spielen was ganz Schönes!" Leise trippelte der Offiaffi zum offenen Fenster und schwang sich hinaus auf einen Geranienkasten. Als die Geschwister zum Puppenwagen strebten, war der Zwerg nicht mehr zu finden.

Jeder in der Familie traf den Chamäleonszwerg noch hin und wieder. Langsam gewöhnten sich alle an seine helle, heisere und kluge Stimme. Und jeder hat in seiner seltsamen Gegenwart über seine Veränderungen und die Gründe dafür nachgedacht.

Es war an einem Sonntagnachmittag. Familie Schneider wollte zusammen Kasperletheater spielen. Man setzte sich auf den Fußboden. Wer mochte, durfte etwas vorspielen. Das Baby war immer bei den Zuschauern, in seiner blauen Tragetasche strampelnd und krähend. Wer wollte anfangen zu spielen? Da klingelte die Kasperglocke – und der Offiaffi zeigte sich auf der Bühne! „Das ist ja der Offiaffi!" „Was, du kennsch ihn auch?" – „Na klar!" – „Sogar ich, da staunsch, was, Jan?" – „Du, Papa?" „Und ich auch, Kinder!" „Du auch, Mami?" – „Schaut mal, wie hübsch er heute ist!"

Tatsächlich, der Zwerg hatte normalgroße Augen, nette kleine Ohren, eine rote Stupsnase, reizende, gelenkige Hände und keinen Buckel mehr. Auch fehlte ihm kein grünes Härchen auf dem Kopf. Er war also keine Mißgeburt mehr, sondern ein lustiger kleiner Kerl. Jedem in der Familie hatte er etwas von seiner netten Gestalt zu verdanken. Nur verriet keiner dem anderen, was es genau war ...

„Hallo, liebe Freunde, ich möchte euch gern meinen Sonntagnachmittagsteptanz vorführen. Darf ich?" – „Au ja, au ja!" jubelten Jan, der einstige Neinerich, und Katja. Nun sprang der Zwerg auf den Steinfußboden. Mami, Papa, Jan und Katja machten um ihn einen Kreis. Und dann zauberte der Offiaffi hinter seinem Rücken ein putziges Banjo hervor und legte los. Ach, was für ein lustiger Dixie war das! Und die kleinen Füße mit den roten Stiefelchen und den Eisen daran klapperten ausgelassen den Rhythmus dazu. So sang der Offiaffi zu seinem Steptanz:

Der Offiaffi-Zwergentanz

Das ist der Offi-Offiaffi-Zwergentanz,
der – Himmel, Donner, Blitz – elektrisiert mich ganz!
Ich steppe wild umher wie Fred Astaire
und bin so hübsch, so hübsch, schaut alle her.
Mein Banjo schlägt den Takt dazu,
ja dideldei und baberdu,
ja dideldei und baberdu!

Familie Schneider war begeistert. Am Schluß klatschten sie laut Beifall. Jan tanzte mit seiner Schwester um den Offiaffi herum. Und plötzlich erschienen alle Kasperlepuppen auf der Bühne und riefen: „Bravo! Zugabe!" Also sang und tanzte der Offiaffi das Lied noch einmal.

Dann schlug der Zwerg vor, daß sie ein paar Kasperleszenen probierten. Er tauchte irgendwann im Stück auf und brachte die komischsten Einfälle mit. Das Gelächter der Zuschauer hing in der Luft wie die Töne eines Glockenspiels. Das Baby brabbelte noch seine eigene Begleitung dazu.

Aber auf einmal hörte man ein hohes Piepsen. Es klang wie Morsen. „Warte mal!" rief der Chamäleonszwerg und holte aus seiner Hosentasche ein kleines Funkgerät hervor. Er drehte es lauter und hielt es ans Ohr. „Hallo, hallo", hörte man eine dunklere Stimme", hier Chamäleonszwergzentrale 700. 122, bitte melden! 122, bitte melden!" Der Zwerg sprach in sein Funkgerät: „Hier 122, hier 122, ich höre." – „Hallo, Offiaffi, aufgepaßt: Du wirst dringend an einer neuen Arbeitsstelle gebraucht, bei Familie Friedrich in Wup-per-din-gen, Karlstraße 17, 2. OG. Bitte Adresse notieren." Im Handumdrehen hatte der Offiaffi einen winzigen Notizblock neben sich liegen und schrieb darauf. „Roger, 700. Bin soweit." –„Gut, 122, bitte notieren: Familie Franz, Rudolf, Igel, Erdbeereis, Dardabahn, Rudolf, Igel, Cäsar, Hase." – „Roger, ich wiederhole: Franz, Rudolf, Igel, Erdbeereis, Dardabahn, Rudolf, Igel, Cäsar, Hase. Break." – „Roger. In Wanze, Uhu, Paul, Paul, Erdbeereis, Rudolf, Dardabahn, Igel, Nase, Gans, Erdbeereis, Nase. Break." – „Roger, 700. Wiederhole. Familie Friedrich in Wanze, Uhu, Paul, Paul, Erdbeereis, Rudolf, Dardabahn, Igel, Nase, Gans, Erdbeereis, Nase. Break." – „Roger, Offiaffi. Die Familie Friedrich in Wupperdingen wohnt in folgender Straße: Katze, Affe, Rudolf, Lutscher, Schweinchen, Turnschuh, Rudolf, Affe, Schweinchen, Schweinchen, Erdbeereis 17, 2. OG. Roger?" – „Roger. 122 wiederholt: Die Familie Friedrich in Wupperdingen wohnt in folgender Straße: Katze, Affe, Rudolf, Lutscher, Schweinchen, Turnschuh, Rudolf, Affe, Schweinchen, Schweinchen, Erdbeereis 17. 2. OG." „Ende, 122." – „Ende, 700."

„Adieu", sagte der Offiaffi, „macht's gut zusammen. Der Chef hat eine neue Arbeit für mich. Muß rasch weg hier. Lebt wohl!" Wie der Wind packte er sein Banjo, sein Funkgerät, fuhr sich wichtig durch seinen grünen Schopf, setzte sich auf sein Banjo wie auf einen Zauberbesen, sagte: „Offiaffi 122, nach Wupperdingen, Luftbahn frei!" und flog an der staunenden Familie Schneider vorbei. „Tschüs, Offiaffi, mach's au gut!" schrie Jan. „Ade!" rief Katja, „schade, daß du weg musch!" Zu ihren Eltern sagte sie traurig: „Jetzt kommt er sicher nicht mehr zu uns..." – „Hoffentlich nimmer!" lachte der Papa. „War ja 'n ulkiger Kerl, aber mir net ganz geheuer." – „Na", hakte sich die Mami bei ihm ein, „wir werden's doch auch ohne den Offiaffi schaffen, oder, Kinder?"

„Klar", meinte Jan. Und Katja rief: „Komm, Jan, ich spiel' dir was vor. Was willsch? ,Hänsel und Gretel' oder ,Froschkönig'?" – „Hänsel und Gretel", sagte Jan nach einiger Zeit, setzte sich neben Susi und streichelte sie. „Äh, äh", machte das Baby.

...hoovaardige Rose

Das Märchen von der hochmütigen Rose

Es war einmal eine Rose, eine rote Rose. Die war als einzige von ihrem Stock aufgeblüht. Die Blattläuse hatten ausgerechnet sie verschont. Darüber war die Rose sehr stolz. Schon als Knospe hatte sie das Köpfchen recht hoch gehalten. Einzeln stand sie in einem Rasenstück unter einem Kirschbaum und hatte das frische Gras unter ihren Füßen, die weißen Blüten über sich und das benachbarte Rosenbeet kaum beachtet.

Wovon sie träumte? Nun, von ihrem sicherlich bezaubernden Kleid, das bald zum Vorschein kommen würde, von ihrer ganzen Schönheit und den Bewunderern, den summenden Bienen und leichten Faltern.

Tatsächlich, sie erblühte auch vor den Rosen des Beets, und die Gärtnerin sog beglückt ihren Duft ein und zeigte begeistert die rote Pracht ihrer Familie. Das schmeichelte natürlich unserer Rose. Und sie ärgerte sich ziemlich, wenn der Wind es wagte, ihr Kleid zu zerzausen. Abends schlossen sich ihre Blätter nur widerwillig.

Dann begannen sich die Knospen des nahen Rosenbeets zu öffnen, viele, viele Geschwister lebten dort an einem Stock und viele Verwandte nebeneinander, rosafarbene und weiße in allen Größen. Ach, dachte die rote Rose neidisch, warum verweilt die Gärtnerin nun so lange bei diesen ordinären Rosen? Wie sie doch einander gleichen! Und wie schwach ihr Duft sein muß, wenn er nicht einmal zu mir dringt!

Da atme ich lieber mein eigenes Parfüm ein. Wahrscheinlich bleiben die Bienen und Falter mit größerem Vergnügen bei mir als bei denen da drüben . . . Und seht nur, manche werden sogar abgeschnitten und müssen in eine Vase, weg aus dem heiteren, sonnigen Garten!

Wer zuerst erblüht, verblüht aber oft auch früher. So kam der Tag, an dem ein heißer Sommerwind die weitgeöffneten Blätter der roten Schönen zu Boden wehte. Sie bemerkte es mit Entsetzen. Drei Blütenblätter blieben ihr noch, die fingen wie Schalen ihre Tränen auf, ehe sie traurig und langsam auf die verstreut im Gras liegenden abgefallenen Rosenblätter tropften.

„Ist all' meine Schönheit schon vorbei?" schluchzte die Stolze. „Muß ich denn schon Abschied nehmen von meinem herrlichen Blütenkleid und meiner Jugend? Und ist niemand da, der mich trösten könnte?"

Ganz leer fühlte sich die Rose, nachdem sie alle ihre ehrlichen, bitteren Tränen geweint hatte. Da aber ging eine wundersame Verwandlung in ihr vor. Sie roch auf einmal das geschnittene Gras und den Sommerwind. Auch der zarte Rosenduft der roten und weißen Verwandten und würziger Nelkengeruch wehten zu ihr herüber. Sie achtete plötzlich auf die Amsel im Kirschbaum, auf den Stieglitz, die Drossel, den Wiedehopf. Und alle zwitscherten ihr zu: „Wir laden dich ein zu einem Konzert der Nachtigall heute abend." – „Ich bleibe bestimmt wach und lausche ihm", versprach die Rose.

Nun drehte sie etwas verschämt ihren Kopf dem Rosenbeet zu. „Wie hübsch ihr doch blüht", rief sie ein wenig schüchtern. „Nicht mehr lange", seufzten einige und meinten dann spöttisch: „Du bist halt in allem schneller als wir." „Schämt euch, sie zu necken", schimpfte eine große weiße Rose. „Jede Pflanze hat vom Schöpfer ihren eigenen Charakter und eigenen Lebensrhythmus bekommen."

Die einst so hochmütige Rose nickte einsichtig und fühlte sich dabei so wohl, als ob eine liebe Mutter zu ihr gesprochen hätte. Hatte ihr Strauch nicht gute, gesunde Wurzeln?

Im nächsten Jahr würde er bestimmt wieder austreiben und vielleicht mehrere rote Rosen tragen, so schöne wie sie, wer weiß, noch schönere als sie ...

Sie blickte getröstet zur Sonne, und ihr war, als ob ihre drei rotschimmernden Blätter den ganzen Garten und den weiten Wolkenhimmel einfangen könnten ...

Das Märchen von dem
verliebten Apfel,
der verliebten Apfelsine und der
kleinen Mandarine oder wie
Sankt Nikolaus die Mandarinen
bei uns bekannt machte

Es war einmal in einem milden Winter ohne jeden Schnee. Da standen auf einem Tisch einer Marktfrau zwei Kisten Äpfel genau neben einer Kiste Apfelsinen. Ein Apfel berührte mit seiner rauhen Schale die glatte, glänzende Haut einer Apfelsine. Und das tat beiden sehr gut. Die Apfelsine fand den Apfel, einen Jonathan, hübsch und sympathisch. Er wendete ihr seine roten Apfelbäckchen zu. Die braunen Flecken auf seiner Rückseite konnte sie nicht sehen. Und der Apfel glaubte, noch nie solch ein leuchtendes Orange gesehen zu haben, solch eine schöne, runde Form. Er war glücklich, daß die Orange in kein Papier eingewickelt war.

Und so kam es, daß sich die beiden ineinander verliebten. Weil sie aber befürchteten, durch einen Kauf voneinander getrennt zu werden, beschlossen sie auszureißen. Also hüpften sie aus ihren Kisten und machten sich in dem dichten Marktgedränge aus dem Staub.

Sie kollerten zuerst lachend die abschüssige Straße hinunter und spielten Fang. Sie hörten einem Kind zu, das an einem geöffneten Fenster Flöte spielte. Schließlich wollten sie im Stadtpark spazierengehen.

Dort schmusten sie miteinander und küßten sich. Dann setzten sie sich auf eine Bank. Die war noch warm von der Nachmittagssonne. Es gibt nämlich Dezembertage, da weht eine Luft, als wolle der Frühling wiederkommen. Ein kleiner Spatz flog zu ihnen. „Wie geht's?" zwitscherte er. „Wunderbar, Spatz. Und dir?"

Inzwischen hatten die anderen Äpfel und Apfelsinen das Verschwinden der beiden Ausreißer bemerkt. „Das ist ja unerhört!" ereiferten sich die Äpfel. „Wie kann ein Jonathan sich in eine Orange verlieben! Warum sucht er sich nicht eine Freundin bei seinesgleichen? Aber nein, es muß eine

Fremde sein!" Die Apfelsinen hatten sehr gut verstanden, warum man sie im Augenblick nur noch Orangen nannte. Sie waren ebenfalls entrüstet: „Sicher hat der eingebildete Jonathan mit seinen Flecken im Gesicht unsere Schöne verführt! Dieser bäurisch rote, dünnhäutige Typ! Viel Saft wird nicht in ihm stecken!" – „Das kann nicht lange gutgehen", unkten auch die Orangen.

Dem kleinen Spatz war bei einem Ausflug der Streit der Äpfel und Apfelsinen zu Ohren gekommen. Er flog ganz schnell zu seinen Freunden in den Park zurück. „Ich möchte wieder zu meiner Familie, Schatz", flüsterte die Apfelsine, „ich will ihr sagen, wie lieb du zu mir bist." – „Und ich", sagte zornig der Apfel, „werde mit meinem dummen Apfelvolk reden. Sie sollen erfahren, wie wundervoll es ist, eine Südländerin zur Freundin zu haben!" Und dann küßten sich die beiden, denn diese Sprache hatten sie gleich begriffen. „Ich fliege mit euch!" piepste der Spatz aufgeregt.

Am Rand des Marktes hatte ein Türke einen Stand, einen kleinen, unbedeutenden. Zum ersten Mal bot er Mandarinen an. Doch kaum jemand wollte diese Früchte kaufen, da sie damals in unserer Stadt noch unbekannt waren. Man kaufte auch lieber bei Einheimischen. Eine Mandarine war vom Tisch gerollt und lag jetzt einsam und traurig am Straßenrand. Der Apfel und die Apfelsine, die gerade Hand in Hand vorbeikamen, betrachteten erstaunt das kleine Ding. So eine Frucht hatten sie noch nie gesehen. „Wie heißt du denn?" fragte die Apfelsine. „Mandarine", flüsterte die Kleine. „Wie gut sie zu dir paßt", stellte der Apfel fest. „Sie könnte deine Tochter sein, Schatz." Die Apfelsine errötete. „Willst du mit uns kommen, Kind?" fragte sie dann. Und das Mandarinchen nickte schüchtern. „Jetzt seid ihr eine richtige Familie!" tschilpte der Spatz.

In der Nähe ihres Marktstandes hörte man schon die Jonathan-Äpfel mit den Orangen streiten. „Wir wollen nicht mehr nebeneinander stehen bleiben!" schimpften die Äpfel. „Ihr eingebildeten Äpfel, ihr Indianer! Ihr Verführer!" „Ihr dummen Orangen, ihr Dickhäuter! Ausländer raus!" Plötzlich schwiegen die Streithähne überrascht, denn da sahen sie die Ausreißer. Die kleine Mandarine hatte sich hinter ihrem Rücken versteckt. „Wo, wo kommt ihr her?" fragten die Äpfel und Apfelsinen. „Von unserem Stadtpark", sagte die Apfelsine. „Wie lächerlich euer Streit ist!" meinte der Apfel. Und der Spatz nickte dazu. „Darf ich euch meine zukünftige Frau vorstellen?" Seine Freundin erblaßte.

Mutig redete der Jonathan weiter. „Ich liebe diese hübsche Spanierin. Ach könnte ich doch wie die Menschen ihr süßes Fruchtfleisch probieren!" Das Obst kicherte und hüstelte.

Doch da stichelte eine Tante des Apfels – seine Eltern waren schon verkauft: „Sie ist ja größer als du . . ." – „Na und?" lachte der Apfel. „Ich mag stattliche Frauen." – „Tatsächlich", stellte die Mutter der Apfelsine fest, „dein Freund ist ziemlich klein." – „Na und?" eiferte sich die Apfelsine. „Ich mag schlanke Männer mit einer dünnen Haut! Sie sind so empfindsam, Mama." – „Tochter, weißt du auch wirklich, was du tust?!" schrie der Vater der Orange temperamentvoll. „Orangen lassen sich nicht mit Äpfeln ein! Äpfel haben häßliche braune Kerne. Unsere Kerne dagegen sind blütenweiß!" – „Was stört uns das, Papa!" rief die Apfelsine. „Hast du denn ganz vergessen, daß wir doch Ähnlichkeit mit den Äpfeln haben? Man nennt uns ja Apfelsinen – also chinesische Äpfel!" Da schwieg der Vater verlegen . . .

„Wissen Sie, mein Herr", sagte der Apfel Jonathan. „Seit ich Ihre Tochter kenne, verspüre ich Sehnsucht nach den Orangenhainen, nach der südlichen Sonne und den dunkelhäutigen Menschen, die euch pflegen und pflücken." „Wirklich?" brummte der Apfelsinenvater. „Und seit ich ihn kenne, Mama", lächelte die Apfelsine, „träume ich von weißem Apfelblütenschnee und möchte gern mal schauen, wie so ein winziges Äpfelchen stark, saftig und süß wird..." – „Wie verliebt du bist, Kind", sagte die Orangenmama kopfschüttelnd. „Doch mit unserer Süße kann sich dein Jonathan natürlich nicht vergleichen."

„Was sollen die bloß für Kinder kriegen!" murrte ein schrumpfliger Apfelonkel. „Halt Bastarde!" – „Was höre ich da: Bastarde?" fragte auf einmal eine dunkle Stimme vorwurfsvoll hinter ihnen. Und da stand Sankt Nikolaus. Er wollte noch Obst, ein paar Nüsse und Süßigkeiten einkaufen, bevor er am nächsten Tag, am 6. Dezember, zu den Kindern ging. Es war der richtige Nikolaus von Myra, der sich ab und zu unter die vielen tausend verkleideten Stadt- und Landnikoläuse mischt, die seinen Namenstag mehr oder weniger passend feiern.

Vorsichtig hob Sankt Nikolaus die kleine Mandarine auf und zeigte sie der Marktfrau und allem Obst und Gemüse: „Na, wäre das kein reizendes Kind von unserem Pärchen? Und ein Kind soll Frieden stiften, das wißt ihr doch so kurz vor Weihnachten, oder?"

„O wie süß", sagten leise die Apfelsinen. „O wie süß", sagten leise die Äpfel. Nur die Apfelsinenmama rief recht entsetzt: „Was, so weit ist es schon gekommen?" Der Apfel und die Apfelsine blickten sich belustigt an und schwiegen. „Frau, das ging tatsächlich schnell", stöhnte der Apfelsinenpapa. „Wie heißt denn das Kind?" wollte eine Apfelfrau wissen.

„Mandarine", sagte stolz der Jonathan und streichelte das Findelkind. „Wie sie ihrer Mutter ähnlich sieht", schwärmten die Orangen. „Aber sie hat auch viel von ihrem Vater", schwärmten die Apfelgeschwister. „Ihre Haut ist fast so dünn wie unsere." – „Na", lachte da der Apfelonkel, „hier fällt das Äpfelchen doch recht weit vom Baum!"

Plötzlich prusteten der Apfel, die Apfelsine, die Mandarine und der Spatz laut los. „Nun sagt ihnen endlich die Wahrheit", mahnte der Nikolaus. Und so erzählten alle, ein bißchen durcheinander, was sich zugetragen hatte. Die Apfel, die Apfelsinen und selbst die Marktfrau waren beeindruckt. Und weil diese eine gute Verkaufschance witterte, sagte sie: „Der Türke kann an meinen Stand kommen. Beste Lage! Wenn er mir zehn Prozent von seinem Gewinn gibt, kann er bei mir verkaufen." Betrübt schüttelte der Nikolaus den Kopf. „Kannst du nur Gutes tun, Weib, wenn du dabei verdienst? Also, laß den Türken nur kommen, ich kaufe als erster bei ihm ein. Und euer Stand wird sich herumsprechen. Das ist doch auch gut für dein Geschäft!" Die Marktfrau dachte nach und meinte dann: „Einverstanden." „Gleich flieg' ich weg!" jubelte der Spatz, „und sag' dem Türken Bescheid. Der wird staunen!"

Jetzt wandte sich der Nikolaus freundlich an den Apfel, die Apfelsine und die Mandarine. „Ihr drei dürft in meiner Manteltasche wohnen und mit mir die Nikolausbesuche machen. Ich gehe an ausgefallene Orte: in Kinderheime, zu Behinderten, zu Asylanten und ins Gefängnis." – „Das wird ja abenteuerlich", lachte der Apfel. „Jetzt können wir immer zusammenbleiben", freute sich die Apfelsine. „Wir adoptieren dich als unser Kind." – „Fein!" strahlte das Mandarinchen und tanzte fröhlich vor dem Stand hin und her.

„Ihr anderen aber", sagte der Nikolaus zum Schluß, „ihr habt hoffentlich erkannt, daß man die Unterschiede an Fremden auch lieben oder wenigstens dulden kann, nicht wahr?" Das Obst und die Marktfrau nickten nachdenklich.

Seit diesem Jahr sind die Mandarinen in unserer Stadt bekannt. Und man kauft sie so gern, weil die Kinder sie besonders mögen, gerade zur Nikolaus- und zur Weihnachtszeit . . .

Johnny Gei und Jenny Gei

Es war einmal eine Papageienfamilie: Papa, Mama, Johnny und Jenny. Sie lebte glücklich in Afrika. Doch eines Tages kamen fremde Männer und fingen viele Vögel ein. Johnny und Jenny waren auch bei den Gefangenen. Ihre Eltern konnten ihnen gerade noch zurufen: „Johnny und Jenny, seid nicht verzweifelt! Die Menschen mögen uns." „Aber denkt an Onkel Widujawudus Zaubertriller und seinen Zaubertanz! Er kann euch helfen!" rief der Vater. Und Mama Gei rief unter Tränen: „Wir sehen uns bestimmt wieder!"

Die Käfige wurden in den Lastwagen verladen. „Heute wollte ich mit meinem Freund, dem Nilpferd, spielen", klagte Johnny mit hängenden Flügeln. Auch Jenny weinte und hielt ihr Köpfchen gesenkt. „Wann darf ich wieder auf den herrlich duftenden Blüten landen?" – „Schaut mal, man verläd uns in einen starren Riesenvogel", wunderte sich Tante Adleja. „Das ist ein Flugzeug", belehrte sie Onkel Omar. „Oh, dann werde ich wenigstens einmal in meinem Leben geflogen", seufzte die Tante selig.

Im Flugzeug jedoch begannen alle Papageien zu schimpfen, weil sie nichts von der Landschaft sahen und weil es vielen schlecht wurde.

Wieder in einem anderen Lastwagen, der durch ein kälteres Land dieser Erde fuhr, sagte Johnny zu seiner Schwester: „Weißt du noch, wie der Zaubertriller von Onkel Widujawudu geht, der uns die Freiheit schenken kann?" „Ja, Johnny." Und Jenny trillerte leise eine seltsame Melodie. „Aber den Zaubertanz habe ich fast ganz vergessen." – „Dreimal mit den Flügeln schlagen und sich auf dem linken Bein links herumdrehen, das ist alles", flüsterte Johnny. „Üb es noch einmal." – „Mach' ich. Doch der Zauber wirkt ja nur, wenn wir in Not sind." – „Stimmt,

Jenny. Oder wenn wir zwei Jahre in Gefangenschaft waren."

Nun hielt das Auto, und die Geschwister kamen in eine Tierhandlung. Am nächsten Tag öffnete sich die Tür des Geschäfts, und ein junger Mann, der Pfleger eines Altersheims war, schaute nach einem hübschen Papagei. Jenny und Johnny klopfte das Herz. Der blaugelbe Johnny wurde gekauft! „Merk dir den Namen des Heims gut, Jenny. Es heißt ‚Haus Abendruh‘!" – „‚Haus Abendruh‘ kann ich mir gut merken. Tschüs, Johnny. Hoffentlich sehen wir uns bald wieder."

Nach einer Woche suchte sich eine gutgekleidete Dame den blauroten Papagei Jenny für ihre Tochter Evelyn als Geburtstagsgeschenk aus.

Johnny gefiel es in dem modernen Altersheim. Er bekam einen sonnigen Platz in der weiten Sitzhalle zwischen Kakteen, Gummibäumen und Blumentöpfen. Die Alten waren oft wie Kinder. Sie hatten viel Zeit. Sie wollten mit ihm spielen. Und alle wollten ihm das Sprechen beibringen. „Wie heißt du? Frie-do-lin! Sag: Frie-do-lin!" – „Spitzbub! Spitz-bub!" – „Komm her. Hal-lo." Nun, Johnny tat den Leuten den Gefallen und plapperte vieles nach, auch seinen falschen Namen. Die Menschen konnten ja seine Sprache nicht lernen . . .

Besonders gern besuchte Johnny-Friedolin ein schon etwas kindischer alter Mann mit Brille. Der stand oft lange, lange vor ihm und kicherte. Ständig sagte er dem Vogel „Dummkopf" vor. Bald antwortete Johnny ihm „Dummkopf", denn er mochte den Alten.

Wie erging es inzwischen der kleinen Jenny? Anfänglich war sie das liebste Spielzeug der zwölfjährigen Evelyn.

Das Mädchen taufte Jenny Lisa und führte die Kunststücke des Papageis allen Freundinnen vor. „Los, Lisa, sag guten Tag! Bye, bye, Lisa. Sag: Blöde Kuh!" Doch Jenny lernte nicht so gern sprechen. Sie pfiff lieber oder machte Geräusche nach. Das ärgerte Evelyn.

Zuerst machte das Mädchen den Käfig gern sauber. Mit der Zeit aber schimpfte ihre Mutter mit ihr. „Der Papagei braucht endlich wieder frisches Futter und Wasser. Evelyn, du hast den Vogel unbedingt haben wollen, jetzt versorg ihn auch richtig!"

Als Evelyn zu Weihnachten eine Barbiepuppe und ein Fahrrad bekam, war Lisa nicht mehr interessant. Einmal mußte die Mutter im Frühjahr verreisen. Evelyn sollte ihren Vater besuchen. Die Eltern lebten getrennt. Da vergaß sie, dem Papagei genug Futter und Wasser hinzustellen. Drei Tage lang fastete Jenny. Dann flüsterte sie schwach: „Ich muß den Zaubertriller und den Tanz probieren, sonst sterbe ich vielleicht." Sie trillerte also die eigenartige Melodie, schlug dreimal mit den Flügeln, drehte sich auf ihrem linken Bein – nichts geschah . . . Sie hatte sich vor Aufregung rechts herum gedreht . . . Noch einmal links, und tatsächlich, Onkel Widujawudus Zauber wirkte! Das Käfigtürchen öffnete sich. Und danach sprang auch das Fenster auf, so daß Jenny befreit in die Märzluft fliegen konnte.

„Spatz, kannst du mir sagen, wo es zum Haus ‚Abendruh' geht?" – „Da mußt du die Amsel fragen." – „Amsel, kannst du mir sagen, wo es zum Haus ‚Abendruh' geht?" – „Da mußt du die Taube fragen." Ja, und die grauweiße, kluge Taube zeigte Jenny den richtigen Weg.

Es war Sonntag, und Johnny hatte wie immer zwischen drei und vier Uhr Flugstunde. Die alten Leute kreischten vor Vergnügen, wenn der Papagei auf einer Schulter oder in einem Gummibaum landete. Jenny klopfte mit ihrem Schnabel an die Scheibe. War das eine Überraschung!

Der zugeflogene Papagei ließ sich merkwürdig leicht einfangen. Und nun staunten alle Altersheimbewohner, wie Johnny und Jenny miteinander schnäbelten, sich gegenseitig die Federn durch die Schnäbel zogen und sich Geschichten zukrächzten, zupfiffen und munter miteinander plapperten!

Ein Vierteljahr verbrachten Johnny und Jenny gemeinsam in dem Käfig des Hauses „Abendruh". Die alten Menschen waren entzückt. Da geschah es, daß eines Abends der kindische Mann die beiden Vögel besuchte. Sie hatten ihm zuliebe schon „Dummkopf" gekrächzt. Dann hatte er sich eine Zigarette angezündet und war plötzlich in seinem Stuhl eingenickt. Die heiße Asche fiel zu Boden ... Die Zigarette fiel aus den Händen des Alten. Ein Loch brannte in den Teppich.

„Gefahr, Jenny! Nur der Zauber kann da helfen!" Johnny und Jenny trillerten aufgeregt ihre seltsame Melodie, schlugen dreimal mit den Flügeln, drehten sich auf dem linken Bein links herum – und das Käfigtürchen sprang auf. Schnell packte Jenny mit ihrem Schnabel die glimmende Zigarette. Und Johnny zerdrückte sie im Aschenbecher. „Gott sei Dank, Johnny." – „Adieu, komischer Alter", riefen nun die beiden Papageiengeschwister, „wir haben dir wahrscheinlich das Leben gerettet! Du aber schenkst uns dafür die Freiheit. Danke."

Das große Fenster hatte sich schon um einen Spalt geöffnet. Und Johnny und Jenny flatterten hinaus in einen wunderbar warmen, duftenden Augustabend. Das Abenteuer des Heimflugs konnte beginnen!

Murmelpapa Hugos neuer Pfiff

Ein pfiffiges Märchen

In den Alpen, in fast 2000 Meter Höhe, lebte Familie Murmel: Murmelmama Olga, Murmelpapa Hugo und die Kinder Aloys, Filomena, Franz, Lisa und Xaver.

Sie waren eigentlich Österreicher, nur wußten sie das natürlich nicht. Wichtig war ihnen im Augenblick nur der Sommer, der kurze Alpensommer, und ihr augenblickliches Zuhause, eine wundervolle Sommer-Murmeltierhöhle unterhalb eines großen, bemoosten Steins. Sie hatte mehrere Gänge, eine gemütliche Schlafhöhle, eine großzügige Vorratskammer, eine Fluchtröhre und davor die schönste, sonnigste Kiesterrasse, die man sich vorstellen konnte!

Aloys, Filomena, Franz, Lisa und Xaver, die fast gleichzeitig auf die Welt gekommen waren, tummelten sich gern auf dieser Terrasse. Noch tranken sie bei ihrer Mama. Langsam durften sie sich immer ein bißchen weiter von der Höhle entfernen. Manchmal spielten sie Fang. Oder sie kletterten zur Murmelmama hoch, die oben auf dem Stein Männchen beziehungsweise Frauchen machte und Ausschau hielt, ob sich auch kein Kind verirrte, oder ob sich eine Gefahr näherte.

Wenn alles still und ruhig war, man hörte nur ab und zu Bachstelzen, ließen sich die Geschwister den Abhang hinunterkugeln. Das war super! Lisa landete zwischen den roten Alpenrosen, Franz und Xaver bei den Heidelbeeren und dem Erika, Filomena und Aloys bei dem etwas stachligen kleinen Nadelgehölz, zwischen dem gelber oder blauer Enzian, blaue Glockenblumen, hellblaues Vergißmeinnicht, rosa Katzenpfötchen oder auch gelbes Arnika blühen konnte.

Ab und zu aber trug der Wind der Murmelmama Witterung der großen Zweibeiner zu, die meist in Gruppen und mit seltsamen Gestellen vor den Augen durch die Bergwelt zogen. Sofort ertönte ihr schriller, warnender Pfiff, worauf die Kinder ihr Spiel unterbrachen und gehorsam in die Murmelhöhle krochen. Während die Zweibeiner neugierig und fasziniert umherblickten und ihre Gestelle zu den Augen führten, wobei sie aufjuchzten, wenn sie Murmelmama Olga erspäht hatten, blieb diese unruhig schnüffelnd, zu den Eindringlingen blickend, aber noch mutig stehen. Erst als alle Kinder in Sicherheit waren, trotzte sie der Gefahr nicht mehr, sondern verzog sich auch einmal kurz, für alle Fälle ...

Und wo war der Murmelpapa? Hugo war ein besonderer Typ. Nach dem langen Winterschlaf in den Alpen, der in ihrem warm gepolsterten Kessel neun, manchmal sogar zehn Monate dauerte – die rund fünfzehn aneinandergekuschelten Artgenossen schliefen wie die Murmeltiere, während über ihnen eine immer dichtere Schneedecke wuchs –, nach diesem Winterschlaf dachte er im kurzen, herrlichen Sommer nur an eins: an die Liebe und an die Wanderschaft! Beides lag ihm vom Vater und Großvater im Blut. Vielleicht hing sein Wandertrieb auch vor allem mit dem Fellrucksack zusammen, den er von Opa Kunibert geerbt hatte, den sie auch den „Rollmops" genannt hatten, weil er so kugelrund gewesen war. Dieser Rucksack hatte eine traurige Geschichte: Er war aus dem Fell eines abgestürzten Großonkels genäht, der sich zu weit Richtung Gletscher gewagt hatte und tragisch ums Leben gekommen war.

In diesem Sommer wollte Murmelpapa Hugo seine alten Verwandten in der Nähe der Berghütte bei dem oberen Kröten-See besuchen. Der See hatte natürlich auch einen Zweibeiner-Namen, doch den kannte man bei Murmels nicht. Kröten-See war die unter Murmels geläufige Bezeichnung. Denn da oben, wo es meist noch kleine Schneefelder hatte, wimmelte es nur so von Kaulquappen und herumhüpfenden Kröten in jeder Größe. Am Rand des Sees blühten saftige gelbe Enzianpflanzen und die kräftigsten Disteln in der Umgebung.

Hugo ruhte sich an diesem Bergsee aus, trank etwas eiskaltes Wasser zur Erfrischung, ehe er zum letzten Abschnitt seiner Wanderung aufbrach. Da näherte sich ihm eine Zweibeinerfamilie: Männchen, Weibchen und nur zwei Kinder. Sie waren noch ziemlich weit von ihm entfernt, aber Hugo konnte sie schon hören, weil sie – pfiffen! Das heißt genauer: Das Männchen pfiff eine Melodie vor, und die beiden Buben versuchten, sie nachzupfeifen. Hugo konnte nicht wissen, daß die Kinder den „River-Kwai-Marsch" von ihrem Vater lernten und noch eifrig daran übten! Murmelpapa war verblüfft: Die Zweibeiner konnten also auch Töne von sich geben. Und wie gut ihr Pfiff klang! Vor allem der Anfangspfiff! Hugo lauschte und vergaß darüber fast seinen Warnpfiff. Schließlich, als die Zweibeiner ihm zu nah gerückt waren, stieß er ihn doch instinktiv aus. Da entdeckte er unter seinem Stein ein verlassenes Murmelloch und verkroch sich da hinein.

Sofort hörten die drei Zweibeiner auf zu pfeifen. „Hier muß ein Murmeltier in der Nähe sein!" rief der ältere Junge. Ganz richtig, kicherte Hugo. „Ja, ich hab' den Pfiff auch genau gehört", meinte die Mutter. „Aus welcher Richtung kam er denn?" fragte der Vater. „Aus dieser dort", meinte der jüngere Bub und zeigte in die Richtung von Hugos Versteck. Hast gut aufgepaßt, Bürschchen, dachte Murmelpapa. Aber er wollte sich nicht zeigen, er wollte lieber ein Nickerchen machen.

Als also Hugo weiterhin versteckt blieb, rief der jüngere Bub enttäuscht: „Ich seh' nichts. Komm, wir gehn lieber Kröten jagen."

„Ja. Oder wir fangen welche!" rief der andere. „Igitt, das wär' mir zu glitschig!" sagte die Mutter.

Hugo wachte von seinem Nickerchen auf, weil er wieder den fröhlichen „River-Kwai-Marsch"-Pfiff hörte. Die Zweibeinerfamilie war gerade am Abmarschieren. Als sich Murmelpapa mit seinem Rucksack weiter auf seine Wanderschaft machte, ging ihm diese Melodie nicht mehr aus dem Kopf. Er versuchte einmal, sie nachzupfeifen. Tatsächlich, es gelang ihm, und es klang gar nicht so schlecht! Immer hatte er geglaubt, daß Murmeltiere nur ihren Warnruf pfeifen könnten. Aber er war eben musikalisch, das hatte ihm schon sein Musikmurmellehrer Dr. Graupelz bestätigt. Allerdings hatten sie bei ihm nur den Warnpfiff in verschiedener Lautstärke, Schnelligkeit und Tonhöhe geübt.

Vor einer niedrigen Lärche und auf einem herrlichen Aussichtsstein machte Murmelpapa Hugo seine Jause, frische Gräser und Kräuter. Danach ging's mit neuer Energie weiter in Richtung Berghütte zu Onkel Andreas und Tante Lilo, zwei alten Leutchen, die kaum mehr aus ihrer Höhle kamen. Nach dem zehnmonatelangen Murmeltierschlaf konnten sie sich fast nicht mehr an die Sommerzeit gewöhnen... Hugo wollte ihnen Enzianschnaps mitbringen, den seine Olga nach altem Urgroßmütterchenrezept gebraut hatte. Hugo war in bester Wanderlaune und übte mit Begeisterung seinen neuen Pfiff durch die spitzen Vorderzähne.

Wie staunten seine betagten Verwandten, als er ihnen die ungewohnte Melodie vorpfiff! „Du bist ja ein Künstler", meinte Onkel Andreas andächtig. Und Tante Lilo meinte: „Damit kannst du dir bestimmt als sommerlicher Wanderpfeifer dein tägliches Gras verdienen." – „Wenn Olga damit einverstanden ist", gab Hugo zu bedenken. „Schließlich würde die ganze Verantwortung für die Kinderchen dann an ihr hängen!" „Wir schaffen ja kaum mehr unseren Warnpfiff", seufzte Onkel Andreas. „Ja, uns fehlen halt allmählich die Zähne", nuschelte Tante Lilo.

Neben einem kräftigen Nachmittagskaffee, einem gemütlichen Abendtrunk, bei dem sich alle am Enzian beschwipsten, und einem ausgiebigen Murmelschlaf verabschiedete man sich voneinander. Vorher aber hatte Hugo noch hübsche Geschenke der Verwandten in seinen Fellrucksack gepackt: für Murmelmama einen golden glitzernden Stein – Olga war recht eitel. Für Filomena und Lisa Kränzchen aus getrockneten Katzenpfötchen und für die drei Jungen einen Fußball, den Onkel Andreas aus Lärchen- oder, wie man in den Alpen sagte, aus Zirbelzapfenschuppen geklebt hatte.

„Und sag den Kleinen, sie sollen vorsichtig sein, eure Höhle liegt doch so nah bei der Gletscherstraße, wie du uns erzählt hast! Nicht daß mal eines unter die Räder der seltsamen Zweibeineruntersätze kommt!" ermahnte die Tante ihren Neffen. „Genau, genau", murmelte der Onkel zustimmend. Und er verabschiedete sich von seinem Neffen mit „Gut Pfad und Gut Pfiff!"

Der aber war schon fröhlich davongehoppelt und übte dabei seinen neuen Pfiff. Er freute sich riesig auf seine Rückkehr. Was würden Murmelmama und die Kinder für Augen machen, wenn er den Rucksack voller Mitbringsel auspackte! Und erst was für Ohren, wenn er zu pfeifen begann! Ach, der Murmelsommer war ja so kurz und so wundervoll . . .

Ovambo, der Elefantenclown

Als er auf die Welt kam, machten seine Mama und die anderen Elefantenkühe, die ihr beistanden, tellergroße Augen: Du meine Güte, sein Rüssel hörte ja gar nicht mehr auf! Was hatte der Elefantengott sich denn da ausgedacht! Eine Mißgeburt... Es gab eine Hoffnung: Vielleicht würde ja alles bei dem kleinen Ovambo weiterwachsen, nur der Rüssel nicht mehr.

Leider war es umgekehrt: Ovambo blieb ziemlich kleinwüchsig bis auf seinen Riesenrüssel. Der fiel jedem Tier sofort auf und reizte zum Lachen. Seine Mutter aber weinte manche Tränen über ihr behindertes Kind. Sein Vater, der Elefantenbulle Butu, der wieder einmal nach einer langen Wandertour durch die Savanne zu seinen Kühen zurückkehrte, ließ sich alle neugeborenen Buben und Mädchen zeigen. Er war stolz auf seine Nachkommen. Nur über Ovambo rümpfte er den Rüssel. „Das soll m e i n Sohn sein?" Dann schämte er sich über seine abfällige Bemerkung, streichelte ihn und schärfte seiner Herde ein: „Schützt ihn vor Spötteleien, nehmt ihn in eure Mitte! Ihr seid stark genug, daß auch ein behindertes Kind elefantenwürdig bei euch leben kann! Ich schaue immer wieder nach euch und lasse mir dann von Ovambo berichten – nicht wahr, mein Kleiner?"

Ovambo senkte das Köpfchen und nickte. Bis jetzt ging es ihm allerdings nicht besonders gut. In dem Elefantenkindergarten riefen ihm viele „Schlangenrüssel!" nach und schimpften mit ihm, wenn er aus Versehen ihre Steinbauklötzetürme umfegte. Aber Ovambo wußte genau, wie er die Kameraden fröhlich stimmen konnte: Dann schlang er einfach seinen Rüssel wie einen Schlangenkragen um seinen Hals oder ließ ihn wie ein Lasso in der Luft tanzen. Sie schüttelten sich besonders vor Lachen aus, wenn er, was sie meistens nicht konnten, sein Schwänzchen ergriff und dann im Kreis herumstampfte.

In der Elefantenschule zeigte sich, daß Ovambo intelligent war. Er blickte fast alles sofort. Und wenn die anderen noch über ihren Rechenaufgaben grübelten, hatte ihm die Lehrerin schon einen hübschen Stoßzahnstempel in sein Rechenheft gemacht, weil alles richtig war. „Du darfst nachher Lehrer spielen!" flüsterte sie ihm in die großen Ohren.

Ovambo freute sich. Er ersetzte nämlich den Stock, da er mit seinem Rüssel sogar lässig die obersten Aufgaben auf der großen Schultafel zeigen konnte.

Als sein Vater von einer seiner großen Wanderungen mit den anderen Bullen zu seiner Herde zurückkehrte, fragte er als erstes: „Wie geht es denn meinem Rüsselsohn?" „Nun, etwas bekümmert mich sehr", antwortete die Mutter des behinderten Elefantenjungen. „Er hat aufgehört zu wachsen, er wird zwergwüchsig bleiben." Butu wiegte besorgt seinen schweren Kopf. „Das ist schlecht für ein Leben in der Wildnis. Wird er noch viel gehänselt?" – „O nein", lachte Kanga, „fast alle mögen ihn jetzt; denn er ist clever und lustig." – „Halt, Kanga", rief da ihre Schwester Zerlina trompetend, „hast du die drei dummen Kühe vergessen, die behauptet haben, so schwer behinderte Kinder wie Ovambo sollte man einfach in der Einsamkeit zurücklassen, da sie die Herde belasten würden?" – „Was?!" schnaubte da Butu. „Denen werde ich den Marsch blasen! Und mit Ovambo spreche ich jetzt selbst."

Vorsichtig stupste er den Kleinen mit seinen scharfen Stoßzähnen an und schubste ihn in den Schatten eines Affenbrotbaums. Auf dem Weg dorthin legte Ovambo zärtlich den Superrüssel um das dicke Hinterteil seines Papas.

„Wie geht es dir, Ovambo?" – „Prima, Papa. Die Schule macht mir viel Spaß." – „Das freut mich zu hören." „Und ich weiß auch schon, was ich werden will!" – „Ja?" Selbstbewußtsein hatte der Kleine, das merkte Butu gleich. „Ich will Clown werden. Weil ich die anderen gut zum Lachen bringen kann." – „Ja womit denn, Liebling?" – „Mit Kunststücken!" – „Zeigst du mir mal welche?" – „Na klar!"

Zuerst pflückte Ovambo ganz viele Blätter von den höchsten Zweigen des Baums und überschüttete damit seinen Vater. Dann warf er seinen Rüssel wie ein Lasso um den Kopf von Butu. Der kicherte. Das Tollste aber kam noch: Ovambo legte mit seinem Rüssel eine Acht, er rollte ihn wie eine Schneckennudel ein und machte sogar einen großen Knoten in ihn . . . Butu hatte Lachtränen in den kleinen Augen. „Wie kriegst du den Knoten nur wieder auf?" „Hokuspokus fidibus." Ovambo drehte dem Vater das Hinterteil zu, und als er sich wieder umdrehte, war der Zauberknoten verschwunden! „Der geborene Clown, tatsächlich. Und ein Instrument mußt du auch nicht lernen, denn trompeten können wir ja alle!"

Butu war es immer als das schlimmste Schicksal erschienen, von Elefantenjägern gefangen und in einen Zirkus gebracht zu werden. Doch in diesem Moment wußte er, daß seinem kleinen Zwergensohn mit dem Riesenrüssel nichts Besseres geschehen könnte. Dort war er in Sicherheit. Auf seiner letzten Wanderung war Butu gerade mit viel Glück diesen Jägern entwischt, deshalb wußte er ungefähr, in welcher Gegend diese sicher noch zu finden waren.

„Du wirst ein großartiger kleiner Clown werden, Ovambo. Willst du zum Zirkus?" Ovambo nickte strahlend. „Dann verrate mir eins: Kennst du in unserer Herde vielleicht jemand, der dich dorthin gern begleiten würde?" – „Natürlich", antwortete Ovambo postwendend. „Die Mama!" – „Gut, wenn sie es auch will, führe ich euch in die Nähe der Zirkusmenschen."

Ovambo hatte das richtige Gefühl gehabt: Kanga hätte ihren Sohn nie allein ziehen lassen, außerdem war sie mutig und neugierig auf ein ganz andersartiges Leben. Und sie war klug genug zu wissen – auch wenn es sie schmerzte –, daß Butu sie nie dorthin begleiten würde. Dafür liebte e r zu sehr die Freiheit – und seine anderen Elefantenkühe ... Also kam es dazu, daß sich die kleine Familie auf einen kilometerlangen Marsch machte, bei dem sie noch einige Abenteuer bestehen mußte. Nachdem sie die Jäger gesichtet hatten, gut versteckt im hohen Elefantengras, nahmen sie wehmütig Abschied voneinander. „Versprecht mir, daß ihr mir oft schreibt", bat Butu. Beide nickten. Dann schlich er rasch davon, während sich Kanga und Ovambo mutig den Menschen zeigten.

Tatsächlich gingen die Jäger in die Elefantenfalle ... Zuerst waren sie allerdings über den seltsamen, mißgebildeten Zwergenelefanten maßlos enttäuscht. Doch sofort begann dieser mit seinen Kunststücken, damit sie ihn ja nicht wieder in die Freiheit entließen oder gar erschossen. Wie erwartet kamen Ovambos Späße auch bei den Menschen gut an. „Du, Jim, der Kleine ist ja ulkig. So einen komischen Zwerg hab' ich noch nie gesehen!" – „David, weißt du was? Der ist eine Clownsnatur! Der wird im Zirkus Fitipaldi Furore machen!"

So war es dann auch. Und wenn mal in eurer Stadt der Zirkus Fitipaldi zu Gast ist, dann freut euch auf die Nummer: „Ovambo, der Elefantenmusikclown mit dem Wunderrüssel!"

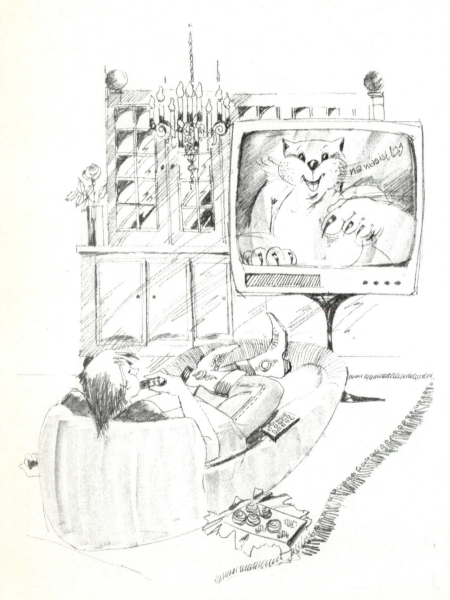

Tim, Momo und die Postkuriere

Tim war ein zwölfjähriger Junge, der unmäßig viel fernsah, eigentlich alles, was Action und Abwechslung versprach: Wildwestfilme, Krimis, Komisches, Familienserien, Gewinnspielsendungen, manchmal auch einen Horrorfilm, obwohl er sich da wirklich fürchterlich ängstigte. Denn er war oft allein zu Hause.

So konnte ihn niemand daran hindern, wenn er von Sender zu Sender, von Kanal zu Kanal sprang. Er hatte keine Geschwister. Seine Eltern lebten getrennt. Die Mutter arbeitete bis abends in einem Kaufhaus. Sie ermahnte den Jungen zwar regelmäßig, doch wie konnte sie ihn von seiner Leidenschaft fernhalten? Und besuchte er am Wochenende seinen Vater und dessen Freundin, sah er mit denen meistens Spielfilme oder Sport an. Da war wenigstens so was wie Gemütlichkeit im Zimmer, wenn sie bequem in den Ledersesseln nebeneinander saßen und bei Saft, Bier oder Wein etwas knabberten.

Tim stopfte also unmäßig viel in seinen Kopf und genauso in seinen Bauch: Chips, Erdnußflips, Nüsse, Kekse, Popkorn, Schokolade. Deshalb war er fett geworden und hatte in Sport eine Fünf. Wenigstens konnte er in seiner Klasse, was das Fernsehen betraf, prima mitreden, weil er alle Lieblingssendungen inhaltlich und terminlich genau kannte. Im Augenblick fuhr er meistens auf „Die verwegenen 9" ab, eine Serie über die Abenteuer von jugendlichen Postkurieren im Wilden Westen. Die Gruppe war bunt zusammengewürfelt aus Geschwistern, Herumtreibern, Waisen, ehemaligen Kriminellen, alle unter der Obhut eines älteren Ehepaars, das ein Herz für Gestrauchelte hatte. Sie bildeten eine merkwürdige, doch trotzdem eine richtige Familie. Unbewußt spürte Tim: Dies war ein guter Film. Der bewegte ihn wirklich. Und am liebsten mochte er die braun-weiß getigerte Hauskatze der Familie, die auf den Namen Momo hörte.

Tim liebte Tiere, vor allem eben Katzen. Oma und Opa Schneider hatten mal einen schwarz-weiß getigerten, wunderschönen Kater gehabt. Nie würde Tim das herrliche Gefühl vergessen, wenn der sein weiches Fell an seine Beine schmiegte und sich an ihnen rieb. Oder die Wärme, wenn der Kater auf seinem Arm oder in seinem Schoß lag. Das Tier hatte oft an seinem Pulli gesaugt, was dem kleinen Tim besonders putzig vorgekommen war. Diese erfreulichen Erinnerungen lagen nämlich in Tims Kindheit, als die Eltern noch glücklich mit ihm zusammen gelebt und in den Ferien die Großeltern auf dem Schwarzwälder Weindorf besucht hatten. Dann war der Kater leider überfahren worden, und es war ihm als Ersatz nur ein gelber Kanarienvogel nachgefolgt. Mit dem konnte Tim nicht mehr viel anfangen. „Mama, bitte, kauf uns auch eine Katze!" bettelte Tim nach der Scheidung der Eltern. „Es tut mir leid, Tim, aber in der Hausordnung steht: ‚Größere Haustiere zu halten ist verboten!'"

Heute war wieder Donnerstag, Tag der „Verwegenen 9". Schon vormittags sah die Welt fröhlicher und abenteuerlustiger aus als gewöhnlich. Um 16 Uhr ging's dann los. Die Gruppe saß an einem langen Holztisch und erzählte. Mutter Wilma hatte Erbseneintopf mit Speck gekocht. Einigen schmeckte es, andere meckerten. Und natürlich gab's auch die üblichen Streitereien um den Küchendienst. Doch dazwischen wurde viel gelacht, es herrschte so ein rauher, kumpelhafter Ton, der Tim gefiel. Der lustige Vater Jack verteilte die neuen Postrouten, und schon schwangen sich vier Kerle und zwei burschikose Mädchen lässig auf ihre Prachtpferde.

Tim „war" der draufgängerische, schlaksige Bill, der oft in Abenteuer mit Räubern und Indianern verwickelt war. Wenn der auf seinen Rappen Charly sprang, war's Tim, als ob er selber im Sattel säße. Auf und davon und den Colt immer griffbereit. Heute jedoch mußte Bill zu Hause bleiben und sein verstauchtes Bein pflegen. Mißmutig streichelte er Momo, die ihn verständnisvoll anschnurrte. Nach einigen Minuten humpelte er hinaus Richtung Stall. Die Katze blieb allein in der Küche. Großaufnahme. Und sah weise die Zuschauer an.

Da öffnete die Katze das Mäulchen und sagte: „Na, was ist los, Tim? Willst du mich mal besuchen?" Tim? Zu wem sprach sie denn? Keiner bei den Postkurieren hieß so. „He, du, glotz nicht so überrascht. Dich mein' ich, in deinem schwarzen Ledersessel, mit den Chips im Mund." Tim kaute, schluckte, spürte, wie sein Herz schneller schlug. „Mich?" flüsterte er überrascht. „Genau. Also: Wie ist's, willst du mich jetzt besuchen oder nicht?" Tim zwinkerte mit den Augen und antwortete mehr für sich: „Das geht doch gar nicht." Momo putzte sich ein wenig und schien ihn anzulächeln. „Das geht doch! Klopf einfach siebenmal mit dem linken Zeigefingerknöchel gegen die Mattscheibe, und schon bist du bei uns!" Ich glaub', ich bin in einem Märchen, dachte Tim. Soll ich, soll ich nicht? Er handelte wie in Trance und pochte siebenmal mit dem linken Zeigefingerknöchel gegen die leise knisternde Mattscheibe.

Plötzlich saß er an dem langen Holztisch und roch genau den würzigen Erbseneintopf. Das Schönste aber war, daß Momo wirklich weich und warm um seine Beine strich und sich an ihnen rieb! Nicht zu fassen! Da standen noch die leergegessenen Teller. Und sicher würden bald Mutter Wilma, der leicht behinderte Richard und der so traurig blickende Schwarze, Jimmy nämlich, vom Wasserholen zurück sein. Er mußte schleunigst aus der Küche verschwinden!

Tim schlich also Richtung Stall. Momo folgte ihm. Aber was war das? Statt der erwarteten Stille fand er drei Wagen mit Fernsehkameras vor, die von verschiedenen Richtungen aus das Geschehen im Stall filmten. Ein Mann mit langen Haaren, Brille und Schlapphut saß auf einem fahrbaren Gerüst und dirigierte den Einsatz der Kameras. Mit einer kleinen Gruppe von Schaulustigen beobachtete Tim atemlos das Geschehen. „Äußerste Ruhe!" schärfte ihnen eine aufgeregt hin und her gehende Frau ein. Der Stall war nur eine Kulisse, eine Seitenwand fehlte. Bill tätschelte gerade Charlys Flanke und lehnte enttäuscht seinen Kopf an das Pferd. „O Charly! Gerade heute wär' ich so gern nach Little Rock mitgeritten! Dieses verdammte Bein! Der McDouglas-Bande -" In diesem Moment wieherte Charly laut und schlug ein bißchen nach hinten aus. „Stopp! Aus!" rief der Regisseur. „Blödes Vieh!" rief der Darsteller des Bill und humpelte wütend mit seinen Cowboystiefeln ein paar Schritte.

Der Regisseur lachte. „Edgar, raste nicht aus. Pferde sind eben unberechenbar. Aber jetzt, wo wir's eh noch mal drehen müssen: Denk dran zu seufzen, ehe du sprichst. Also noch mal das Ganze." Ein dünnes Männchen sprang heran, ließ die berühmte Filmklappe in seinen Händen zuklappen und sagte: „Klappe, die elfte."

Tim war fasziniert. Schon immer hätte er mal gern bei Dreharbeiten zugeschaut. Bills Darsteller Edgar tätschelte also wieder Charlys Flanke, lehnte seinen Kopf enttäuscht an das Pferd und seufzte laut. „O Charly! Gerade heute wär' ich so gern nach Little Rock mitgeritten! Dieses verdammte Bein! Der McDouglas-Bande müssen wir unbedingt das Handwerk..." Alles wäre okay gewesen, wenn da nicht Charly gegen Bills Bein gepinkelt und der es lachend und fluchend bei seinen letzten Worten zurückgezogen hätte!

Das ganze Filmteam und die Zuschauer lachten, kicherten und grinsten. So ein Pech! Tim schüttelte den Kopf. Nie hätte er sich vorgestellt, daß solch eine winzige Szene einen derartigen Zeit- und sicher auch Geldaufwand kosten könnte. Momo kam von einem kurzen Streifzug zurück, kuschelte sich wieder an ihn und miaute leise. „Lustig, was?" Tim nickte glücklich. So gab es „Klappe, die zwölfte". Danach lief Gott sei Dank alles blendend. „Die haben wir im Kasten", meinte nun der Langmähnige.

Nach einer kurzen Cola-Pause – selbst die meist jugendlichen Zuschauer bekamen eine Dose spendiert, und Tim freute sich mächtig darüber, weil er diese noch nicht in seiner Sammlung hatte – wandte sich der Regisseur an die Gruppe: „So, wie ihr ja wißt, suchen wir für eine ganz kurze Reitszene heute einen Bill-Ersatz, Edgar Wirchow humpelt nämlich komischerweise nicht nur im Film, sondern seit letztem Drehtag wirklich! Er hat sich dummerweise das Bein tatsächlich verstaucht und braucht ein paar Tage Ruhe. Beim Fernsehen ist Zeit aber teuer, und deshalb drehen wir einige stumme Szenen mit Statisten. Wer hat ungefähr Bills Figur und kann von euch reiten?"

Verlegen schaute Tim an sich hinunter. Dann verdrückte er sich in die letzte Reihe. Mein Gott, wie dick er war gegenüber den meisten anderen! Und auf einem Pferd hatte er noch nie gesessen, obwohl einige von seiner Klasse regelmäßig zum Ponyhof Überreuter gingen. „Komm doch mal mit!" hatte der freundliche Peter gemeint. Aber Tim war zu träge gewesen. „Da gibt's im Fernsehen die Wiederholung von ‚Ein Fall für zwei'. Ich hab' die erste Übertragung verpaßt."

Bald hatte der Langmähnige zwei Jugendliche herausgesucht, die Bills Größe und Haarfarbe hatten und anscheinend gut reiten konnten. „Die Kleidung macht viel aus. Und außerdem werdet ihr nur von hinten gefilmt. "Stolz ließen sich die zwei zu dem Fernsehpferd führen, schwangen sich nacheinander gekonnt in den Sattel und durften ein Stück traben und galoppieren. Tim staunte und klatschte Beifall. „Das kann jeder lernen", meinte Momo. „Ich niemals", schüttelte Tim traurig den Kopf. „Na klar! Du solltest nur zuerst mal tüchtig abspecken", flüsterte ihm die Katze ins Ohr. „Nasch nicht mehr so viel. Geh mehr an die frische Luft. Es macht Spaß, so wie ich durch die Gegend zu streifen, Tim!" Tim schaute Momo nachdenklich und verträumt an.

Inzwischen hatte der Regisseur einen Kameramann aufgefordert, die Statistenszenen mit den zwei Bewerbern aufzunehmen. „Die anderen Darsteller wechseln über zur Küche. Die dritte Szene steht an: Mother Wilma, Richard und Jimmy kommen vom Wasserholen und werden bei der Hausarbeit von Father Jack mit einer schrecklichen Nachricht überrascht . . ."

„Komm, wir gehen mit!" sagte Tim zu Momo. Die aber hatte irgendwo im Heu ein Mäuschen rascheln hören und war auf einmal vom Jagdfieber gepackt davongesprungen. Tim sah an seinem schweren Körper hinunter. Ach, wenn er doch auch so geschmeidig wegspringen könnte! Da merkte er, daß er ja wieder im Fernsehsessel saß. Das Geschehen dort hinter der Mattscheibe wurde immer spannender, turbulenter. Tim ließ sich wieder von ihm fesseln und vergaß kurzzeitig das vorhergehende merkwürdige

Erlebnis. Erst als Mutter Wilma ruhig und besorgt ihrer Näharbeit nachging, dachte Tim: Morgen geh' ich mal mit zum Ponyhof. Und diese Erdnußflips kommen mir endgültig vom Tisch. Ein furchtbares Zeug, immer will man mehr . . . Nie ist man satt . . . Und nächste Woche am Donnerstag klopfe ich wieder siebenmal an den Bildschirm. Momo wird staunen, was ich ihr dann erzählen kann! Und Tim lächelte.

Opas Untermieter

Opa bewohnte eine hübsche Backsteinvilla, die etwas umgebaut worden war, damit er im ersten Stock überall mit seinem Rollstuhl hinfahren konnte. Die Villa stand in einem herrlich großen, etwas verwilderten Obst- und Blumengarten. Und dort befand sich ein verwunschenes Gartenhäuschen mit Fachwerk und einem Plumpsklo davor.

Da Opa furchtbar viel Geld für seine Pflege brauchte – nach Omas Tod war die Krankheit gekommen –, hatte er sich entschlossen, das Gartenhäuschen zu vermieten. „Der Preis muß niedrig sein, das ist klar, Elke. Das Plumpsklo wird ja auch manche abschrecken. Aber, mein Schatz, ist die Lage nicht wunderschön? Mit dem vielen Grün und den Blumen, mit dem Fluß hinter dem Zaun und den vielen fröhlichen Vögeln in den Bäumen?" Das fand ich auch. So kam es, daß Opa die phantastischsten Untermieter bekam.

Ich besuchte ihn oft, fuhr ihn auf der ruhigen Mozartstraße mit dem Rollstuhl spazieren oder spielte im Garten, wenn er auf der Terrasse las und dann ein Nickerchen machte. So lernte ich auch seine erste Untermieterin bald kennen. Sie hieß Fräulein Sophie Spinnweb. War dies nicht ein Name wie aus einer Geschichte? Und das Märchenhafte war, daß Fräulein Sophie Spinnweb auch Finger hatte, die zu ihrem Namen paßten. Sie waren lang und dünn wie die ganze Dame. Opa schätzte sie auf 1 Meter 90. „Ich bin 1 Meter 94", sagte sie stolz. In knöchellangen, meist geblümten Kleidern, ab und zu mit Spitzenkrägen, saß sie bei gutem Wetter vor ihrem Häuschen – und malte. Opa und ich fanden, sie malte wundervolle Aquarelle. Und fast immer spielten ihre zwei Katzen auf den Bildern eine Rolle: die schwarz-weiße Katzenfrau Mimi und der braungetigerte Kater Moritz. Leider war Moritz kastriert, sonst hätte es in

Opas Garten von lauter kleinen, süßen schwarz-weiß-braun getigerten Katzenbabys gewimmelt!

Bei gutem Wetter hängte Fräulein Spinnweb ihre Bilder, die sie unglaublich schnell aufs Papier pinselte, im Garten an einer Wäscheleine auf. Als ich einmal bei meinem Großvater übernachtete, sah ich, daß Fräulein Spinnweb sogar bei Mondschein malte! Später sagte sie mir, das sei wegen des romantischen Lichts. Da kam sie mir wie eine Fee vor.

Manchmal porträtierte sie auch Opa. Dann rauchten beide dünne Zigarillos oder tranken Weinbrand. Im Herbst und Winter besuchte ich sie in ihrem Gartenhäuschen, das mit einem Kanonenöfchen gut geheizt war. Auf die Toilette durfte sie dann in Großvaters Wohnung. „So einer Dame kann man im Winter einfach kein Plumpsklo zumuten", schmunzelte er. In ihrer kleinen Küche hing viel glänzendes Kupfergeschirr. Und auf dem Tisch stand oft feines Porzellan. Mir fiel auch der teure Schmuck auf, den die alte, dünne Dame trug.

Besonders gefiel mir immer ihr rötlicher Lockenkopf. „Weißt du, Elke", sagte sie und kicherte dabei etwas altjüngferlich. „Eigentlich heiße ich ja Fräulein von und zu Spinnweb." – „So komisch heißen Sie?" – „Ja, wir sind nämlich ein altes Adelsgeschlecht. Aber mit solch einem Namen wird man ja nicht ernst genommen! In meiner Kindheit habe ich in einem reizenden Schlößchen am Rhein bei Koblenz gewohnt. Leider sind wir aber total verarmt, schon nach dem Ersten Weltkrieg." Sie seufzte ein wenig und schenkte mir dann ganz kleine Täfelchen Schokolade. Hatte sie nicht etwas von einer verwunschenen Prinzessin? Würde sie mich auch einmal malen?

Als sie ganz überraschend in ihrem Lehnstuhl an einem Herzschlag starb, fanden wir ihre Papiere und ihr Testament. Es hatte gestimmt, was sie mir erzählt hatte. Es gab keine Erben. Deshalb hatte Fräulein von und zu Spinnweb alles, was sie noch besaß, ihre wenigen stilvollen Möbel, ihre Katzen und Aquarelle, Opa vermacht. Die schönsten Bilder rahmte er und hängte sie bei sich im Wohnzimmer auf. Den Lehnstuhl behielt er. Als liebe Erinnerung. Genauso den Kater Moritz, an den er sich schon gewöhnt hatte. Die anderen Möbel verschenkte er an seine Kinder. Was meint ihr, für wen die Katze Mimi war? Ja, tatsächlich, für mich! Ich war sehr glücklich darüber.

Tja, und nach kurzer Zeit zogen neue Mieter ein: ein junges Pärchen diesmal, Jasmin Heidenreich, die bei der Stadtkapelle Flötistin war, und ihr Freund Björn Kapuschke aus Berlin. Er war Sänger, noch in der Ausbildung. Für die beiden war das Gartenhäuschen natürlich genial: Sie konnten nach Herzenslust drauflosflöten und -singen, ohne irgendwelche Nachbarn zu stören! Das Plumpsklo nahmen sie dafür in Kauf. Jasmin meinte zwar: „An alles gewöhne ich mich, nur nicht an den Grubengestank und die Kälte am Po, wenn's Winter wird." Aber in der kalten Jahreszeit durften sie, wie auch schon Fräulein Spinnweb, auf Opas Toilette, „damit sie unten keinen Eiszapfen bekommen", wie Großvater lachend meinte.

Wenn Björn nicht Gesangsübungen machte oder komponierte – er hatte dafür einen kleinen Synthesizer –, sang er am liebsten Schlager der fünfziger und sechziger Jahre, Peter Kraus zum Beispiel oder Elvis Presley. Als wir uns besser kannten, verriet er mir ein Geheimnis. „Elke, weißt du, daß ik musikalische Jedanken lesen kann?" – „Das verstehe ich nicht recht, Björn." – „Also: Denk mal an einen Schlager von Peter Kraus, summ ihn dir innerlich vor, und dann sing ik ihn dir nach!" – „Wie bitte, und das soll klappen?" – „Versuch's mal." Also, ich dachte an „Rote Lippen soll man küssen", und wirklich, gleich darauf sang mir Björn diesen Oldie vor. „Das ist ja verrückt." – „Es geht auch mit Songs von Elvis. Aber wie gesagt, du mußt dir den Schlager innerlich vorsummen." – „Okay." Ich hörte in mir: „Love me tender, love me true." Björn schaute mich dabei genau an und sang dann mit schmalziger Stimme genau das von mir gewünschte Lied. „Na, hab' ik's jetroffen?" Ich nickte und war verblüfft. „Wahnsinn! Geht das auch mit anderen Melodien?" – „Ja. Nur muß ik sie jut kennen." – „Versuchen wir's mal mit Volksliedern?" Und ob ihr mir's glaubt oder nicht, Björn erriet alle Lieder, die ich mir vorsang, außer „Auf der schwäb'schen Eisebahne". „Weiß die Jasmin von deinen musikalischen Zaubereien? Von diesem ‚Gedankenlesen'?" – „Na klar, Elke." – „Sag mal, kannst du dir damit kein Geld verdienen? Vielleicht beim Radio?" – „Kluges Mädchen. Daran hab' ik schon jedacht. Ik will aber ooch meine eijenen Schlager mal singen..."

Nun, was meint ihr? Nach einem Jahr zogen die beiden leider schon wieder aus unserem Gartenhäuschen aus. Denn Björn hatte in Baden-Baden bei SWF1 wirklich einen Job bekommen! Im Wunschkonzert „Vom Telefon zum Mikrofon" errät er jetzt musikalische Wünsche der fünfziger und sechziger Jahre und singt sie dann vor. Die Zeitungen haben schon über ihn geschrieben: „Das musikalische Wunder." Und mit seiner Freundin zusammen gibt er bald seine erste Single heraus mit eigenen Schlagern. Phantastisch, was? Wer würde nun als nächster in Opas Gartenhäuschen einziehen?

Es schrieben wieder eine Menge Interessenten. Opa konnte sich nicht so recht entscheiden. Also mußte ich ihn gut beraten, bis er einem Mann zusagte, der mir am sympathischsten schien: Es war Herr Ferdinand Olschowski, der mit einem Äffchen, einem Pinguin, für den er extra einen Teich bauen wollte, mit weißen Mäusen und einem Aquarium einziehen wollte. Endlich überzeugte Großvater der Teich und auch das Versprechen von Herrn Olschowski, für meinen Großvater mit seiner Ente, diesmal einem Wagen, die Einkäufe zu erledigen. Da konnte Opa ja den Zivi einsparen. Denn Herr Olschowski lebte zur Zeit von der Arbeitslosenunterstützung

Ich konnte es kaum erwarten, das Äffchen und den Pinguin kennenzulernen. Natürlich auch Ferdinand Olschowski. Er war ungefähr fünfzigjährig und ein freundlicher Glatzkopf. Morgens schob er Opa immer mit dem Rollstuhl spazieren, wenn ich in der Schule war. Er unterhielt Opa fast noch besser als Fräulein Spinnweb. Er hatte auch eine Eselsgeduld. Und er glaubte an so was Komisches wie die Seelenwanderung. „Vielleicht war ich früher sogar mal ein Esel", meinte er im Ernst. Na ja. Aber er legte den schönsten Teich an, den ihr euch vorstellen könnt. Außerdem dressierte er seine Tiere: Den Pinguin Anton lehrte er den Kopfstand. Anton war ein putziges Tier und watschelte bald auch hinter mir her, Richtung Teich. Vier weiße Mäuse zogen nach ein paar Wochen einen kleinen Spielzeuggüterzug, und fünf Mäuse sprangen in die leeren Waggons. Süß.

Den Fischen im Aquarium begann er beizubringen, rhythmisch nach Musik tanzend herumzuschwimmen. Toll war das! „Wie bringen Sie nur so was den Tieren bei?!" fragte ich voll Neugier. Ferdinand Olschowski lächelte wie eine Sphinx und sagte mit seinem polnischen Akzent: „Verrat ich niemand. Ist mein Geheimnis, Fräulein Elke." War das nicht ulkig, daß er zu mir Fräulein sagte? Ich war doch damals erst elf.

Opa wurde wieder richtig locker in Olschowskis Umgebung. Er lachte oft entzückt über die Kunststücke der Tiere und lernte dazu noch einige Kartentricks von dem glatzköpfigen Mann.

Am meisten bewunderten wir, wie Olschowski sein lustiges Äffchen scheinbar zum Sprechen brachte! Olschowski fragte Karlchen beispielsweise: „Willst du Banane?" Karlchen bewegte den Mund und antwortete: „Ja, bitte." – „Hier hast du." – „Danke." Dann sah Karlchen sich die Banane genauer an. „Wie macht man die denn auf?!" – „Banane hat Reißverschluß, Karlchen. Mußt du so öffnen." Und Olschowski zeigte es ihm an einer anderen. „Aha!" Karlchen lachte und fletschte dabei die Zähne. Er trug eine kleine rote Latzhose und einen schwarzen Hut. „Ist wie bei meiner Hose, suuuper!" Dann zog er den Hosenreißverschluß auf und zu und auf und zu und auf und zu, bis wir Tränen lachten.

„Bist du, äh, sind Sie ein Bauchredner, Herr Olschowski?" Der glatzköpfige Mensch lächelte nur. „Also doch", sagte ich. „Und wie schaffen Sie es, daß Karlchen die richtigen Mundbewegungen macht?" wollte ich noch wissen. „Verraten ich niemand. Ist mein Geheimnis, Fräulein Elke. Aber ist viel, viel Arbeit." Das glaubte ich sofort.

Wovon lebte denn Ferdinand Olschowski? Opa berichtete mir, daß er bis vor zwei Jahren Dompteur in einem polnischen Zirkus gewesen ist. Dann hatte der Pleite gemacht, und Olschowski ging in den Westen. Immer wieder versuchte er, bei einem Zirkus unterzukommen. Bisher vergeblich. Er lebte von der Sozialhilfe.

Erst als der Zirkus Barum in unsere Stadt kam, sagte ich Herrn Olschowski, daß er es dort auch probieren müßte. Und er hatte Glück!

Natürlich freuten wir uns, daß nun sein geliebtes Zirkus- und Zigeunerleben wieder beginnen würde. Doch gleichzeitig waren wir auch traurig. Das versteht ihr sicher. Denn wer würde nun Opa spazierenfahren, für ihn einkaufen und ihn so oft zum Lachen bringen?! Ach, und warum mußte Ferdinand Olschowski alle seine Tiere mitnehmen, den putzigen Anton und das lustige Karlchen vor allem?

Ich habe nur eine Hoffnung: Opas Gartenhäuschen scheint ja – Großvater sagt „magisch" – die phantastischsten Untermieter anzuziehen. Vielleicht gibt es noch eine weitere Steigerung! Ich träume davon, daß jemand wie Alf etwa, ein Außerirdischer, unser Häuschen mietet... Wenn es soweit ist, erzähle ich euch auch davon...

Das Märchen von den Grüngesichtern

Es war einmal vor langer Zeit, als die Grüngesichter auf der Erde lebten ... So werden vielleicht einmal unsere Nachfahren in vielen, vielen Jahren ihren Kindern erzählen.

Ja, es war einmal vor langer Zeit, als die Grüngesichter auf der Erde lebten. Manche nannten sie die Nachkommen der Blumenkinder. Denn sie wählten als ihr Symbol das Abbild einer Sonnenblume. Wenn sie auf sich aufmerksam machen wollten, schlugen sie ihr Kennzeichen an Bäumen, Häusern, Zäunen und Säulen an. Vieles wußten sie über das Wesen der Wälder, des Wassers, der Berge, der Luft. Sie kannten die Namen und Gründe der Luft- und Wassergiftgeister, sie warnten vor dem langsamen Sterben, gar Aussterben von Pflanzen und Tieren, sie verrieten, was in den Bergen Dämonisches lagerte.

Anders als unter dem schnurrbärtigen, bösen Diktator lebten sie in einer recht guten, friedlichen Zeit. Sie durften wie alle Mitbürger in e i n e m Teil ihres Landes lesen, forschen und reden, was sie wollten, wenn es sich mit den Gesetzen vertrug, ohne, wie schon einmal erlebt, schlechtere Berufsaussichten zu haben oder, wie im a n d e r e n Teil des Landes, bespitzelt, qualvoll umerzogen oder gar, was zur Zeit des bösen Diktators mit Gegnern an der Tagesordnung war, liquidiert zu werden, wie man damals das Töten nannte. Dem Gesetz nach durften sie auch friedliche Straßenumzüge gegen Mißstände ihres Staates oder der Erde mit Ähnlichgesinnten veranstalten.

Aber je mehr die Grüngesichter über ihre Umwelt und die Mächtigen der damaligen Tage erfuhren, die oft ihre Macht mißbrauchten, desto weißer, durchsichtiger oder zorngeröteter sollen ihre Gesichter geworden sein. Schließlich habe bei ganz Überzeugten die Haut dieser Menschen aus

Sympathie zu den sterbenden Wäldern, dem verseuchten Wasser und Land langsam die Farbe Grün angenommen. Damals liebten ihre Frauen lange Mähnen und Pullover, ihre Männer oft Bärte. Auch die Sprache der Grüngesichter war natürlich und ungezwungen.

Doch die Kaste der Anzugs-, Kostüm- und Krawattenleute, vor allem diejenigen, welche sich „anständige Politiker" nannten, schimpften die Grüngesichter verächtlich „Waldschrate" oder nach dem Lied eines Barden „Lutz from the woods". Sie lachten über sie als „Körnerfresser" und verteufelten sie als „grüne Gefahr".

Ja, anfangs nahm man sie nicht ernst, die Grüngesichter, und ließ sie linker als links liegen. Doch auch sie beschimpften ihre Gesinnungsgegner. So verwandelten sich manche Straßenumzüge jener Zeiten in Straßenfeldzüge, weil sich auf beiden Seiten Kampfgeister einschlichen.

Aber das Anliegen der Grüngesichter blieb der gewaltlose Kampf. Hatten sie sich nicht mit den stummen Fischen verbündet, deren Kadaver allerwasserorten oben schwammen? Und erzählte man sich nicht von einer ihrer großen Sprecherinnen, sie hätte zwei Leben in sich gehabt, das eigene und das ihrer kleinen Schwester, die viel zu früh an Krebs gestorben sei, vor Jahren, als diese Pest noch nicht geheilt werden konnte? Selbst den obersten Hohepriester habe sie kurz vor dem Ableben der Schwester noch besucht... Wegen ihres Doppellebens habe sie eine so ausdauernde und unerschrockene, aber auch immer etwas gehetzte Redeweise und gleichzeitig eine so zarte Statur und ein so feines Gesicht besessen!

Sie, die mädchenhafte Kämpferin für Gerechtigkeit, fand in einem ehemaligen General ihre große Liebe, in einem viel älteren Gefährten, der mit seinem Soldatendasein völlig gebrochen hatte. Gemeinsam zogen sie in manchen

„friedlichen Feldzug" gegen die Leiden und Schwächen ihrer Zeit. Fast hätte man sie Helden nennen können wie die anderen, die weltweit organisierten Grüngesichter, die Friedensmenschen, grüngesichtig wie sie, dazu aber listig wie Odysseus, mutig wie Hektor, gewaltlos wie Jesus und außerdem mit akrobatischen Zauberkräften ausgestattet wie manche Zirkuskünstler! Sie bekletterten giftspeiende, drachenzüngige Riesenschornsteine, um ihre Botschaft dort anzubringen; sie ketteten sich an Schiffen an, die ausfahren wollten, um die klugen Freunde der Menschen, die Wale, und die freundlichen Familien der Seerobben zu schlachten; sie stoppten dreimal Züge, von denen nur Eingeweihte wußten, daß sie einen Todesstoff transportierten; sie verhinderten siebenmal unter Einsatz ihres Lebens (und manche verloren es auch dabei), daß giftige Abfälle in unsere kostbaren Meere, daß böses Dioxin in unsere liebe Erde, daß ewig strahlender Atommüll und tödliches Gas in unsere unschuldigen Berge zu einem schrecklichen Ende und einer unseligen Auferstehung versenkt wurden. Und mehr als dreizehnmal versuchten sie, vor dem sauren Regen zu warnen, der unsere lebenspendenden Wälder verseuchte . . .

Allerdings hatten sie auch Antihelden, über die die Grüngesichter selber zu Gericht saßen: den „Blutspritzer zu Bonn" oder die „Busengrapscher". Ach, wie die mit allen Wassern gewaschenen Schreiber einer regenbogenfarbigen Presse (nur nicht mit dem Wasser des geistigen Lebens) deshalb über sie herzogen! Aber schneller als ein Wind kamen die Enthüllungen über den Großen Geldsack heraus, also daß dieser Götze zu wanken begann. Vorher aber stürzten noch manche Krawattenpolitiker über ihn, denn sie hatten blindlinks und blindrechts seinem Ritual vertraut.

Auf den Tod vernünftige Abschreckler und Aufrüster schrieben sich die Finger wund, um vor der Politik der Grüngesichter zu warnen, schrien sich die Kehlen heiser, daß auch bei diesen Gesundheitsaposteln und Rotationsheiligen nichts ohne Geld lief und sie über ihre eigenen Grundsätze stolperten. Und wer fest im Sattel saß, schloß die Außenseitergruppe aus vielen Gesprächsrunden einfach aus. Nach getaner Wühlarbeit ließ man die rauhen Finger manikküren und die heiseren Kehlen bei einem Arbeitsessen in Champagner wieder zart und sanft baden ...

Langsam jedoch erkämpften sich einige Grüngesichter Amt und Ansehen: der Anzugsträger etwa, der Turnschuhaufsteiger, die rundliche Religiöse oder die streitbare Amazone, die gut in eine damalige Fernsehserie gepaßt hätte: „Ich trage einen großen Namen".

Um die ehemalige Sprecherin und ihren alternden Gefährten wurde es jedoch politisch gesehen still und stiller. Eine immer wächsernere Bleiche überzog deren Gesichter unter dem Grünton, wegen anhaltender Überarbeitung und mangelndem menschlichem Anschluß an die Gruppe. Die Probleme der ganzen Erde schienen sie auf ihren zarten Schultern tragen zu wollen.

Damals trat der biedere Riesenkanzlerkönig auf mit dem heimeligen Pfalzklang in der Stimme, die beileibe keine englische oder französische oder gar noch eine andere Sprachverwirrung ertragen konnte, und warnte vor der gefährlichen Unterwanderung der Grüngesichter. Kommunistische Chamäleons hätten sich eingeschlichen, um „dieses unsere Land" zu verderben. Leider hatte er nicht ganz unrecht damit, doch hatte er vergessen, daß unter seinen Schwarzgesichtern sich noch immer ehemalige Braungesichter biedermännisch versteckt hielten!

Tatsächlich waren einige grüne Gesichter unter der gefärbten Maskenhaut tiefrot aus Überzeugung; andere röteten sich aus Überanstrengung und Diskutiersucht. Es gab aber auch welche, die bekamen einen Grauton aus Mangel an Frischluft, aus Mangel an Kontakten zu Wald, Wiesen, Wasser, Luft und Menschen, die dort lebten, obwohl sie doch Wald, Wiesen, Wasser, Luft und Menschen dienten.

Bei den großen Straßenumzügen jener Tage wurde gern Mummenschanz getrieben und wurde zugelassen, daß sich Schläger, ja sogar Schießwütige in der Menge verborgen halten konnten, vielleicht sogar gesteuert vom anderen Teil des Landes, das ja damals noch geteilt war.

Da geschah es, daß drei schlimme Heimsuchungen über Europa hereinbrachen: die Große Verstrahlung, die Große Verseuchung des Rheins und übers Jahr die Große Intrige an der Waterkant. Und wie es das Schicksal so wollte, gab es bei allen drei Katastrophen Tote und eine allgemeine Verunsicherung.

Nach der Großen Verstrahlung und der Großen Verseuchung gewannen die Grüngesichter neuen Zulauf. Denn nun fanden viele bestätigt, was bisher oft vergeblich als Warnungen in den Wind gerufen worden war. Und bei der Großen Intrige ertrank die Glaubwürdigkeit mancher Krawattenpolitiker bitter im Bade ...

Zu allem Unglück aber versuchte nun nach der Hexe Chaos auch die Hexe Ideologie bei den Grüngesichtern ihre Macht zu entfalten. Sie hetzte die Anhänger des Anzugsträgers und des Turnschuhaufsteigers gegen die Anhänger der streitbaren Amazone. Man kämpfte, man stritt wild gegeneinander mit Worten und schrie: „Hie Fundis! Hie Realos!"

Inzwischen schwappte die Welle der Großen Flucht über die östlichen Grenzen. Und die Grüngesichter bekamen im

Osten Partner, nämlich die Montagsdemonstrierer und Kerzenträger. Und das Große Wunder geschah: Gewaltlos wurde die Mauer geöffnet und schließlich betanzt und entfernt! Unsere Vorfahren waren nach langer, langer Zeit wieder geeint!

Nach diesem unerhörten Ereignis, das den ehemals Eingesperrten wieder das Menschenrecht der Freiheit schenkte, hörten jedoch die Heimsuchungen nicht auf: Es folgten die Große Krise, verbunden mit Auswüchsen des Kapitalismus, die Schreckliche Aktenöffnung, die Schwere Arbeitslosigkeit, das Schlimme Tohuwabohu der Politik und die Grausame Wiederauferstehung der braunen Vergangenheit im modischen Skinheadlook.

Die Frau aber mit dem zarten Feengesicht war inzwischen innerlich krank geworden, überängstlich, übersensibel und immer angewiesen auf die Hilfe ihres alternden Gefährten, obwohl sie auch an anderen, jüngeren Männern ab und zu Gefallen gefunden haben soll, wie man sich im Blätterwald manchmal flüsternd erzählte . . . Immer mehr von den Mächtigen ihrer Partei isoliert, immer mehr beengt in ihrer eigenen Beziehungskiste hetzten diese zwei Grüngesichter von Aktionstreffen zu anderen, versuchten noch, gegen die immer anwesende Fülle der Weltmißstände zu kämpfen, für die sie so ein verfeinertes Gewissen hatten. Sie litten – an sich, an ihrem Vaterland, an der Erde. Sie wollten helfen, hätten aber selber Hilfe gebraucht.

Da geschah es, an einem ersten Oktobermorgen, da geschah das Schreckliche, Unerklärliche: Beide fanden den Tod. Aber man entdeckte diese zwei unglücklichen Grüngesichter erst Tage später: die Frau erschossen auf ihrem Bett liegend, den Mann erschossen im Flur. Seine Schreibmaschine lief noch, eingespannt war ein Brief an des ehemaligen Generals erste Frau, merkwürdigerweise mitten im Wort „müssen" stehengeblieben . . . Hatte ein Wahnsinn den Mann zu dieser Tat treiben m ü s s e n ? War es ein Liebesmord aus Verzweiflung, aus Eifersucht, war es ein geplanter Doppelselbstmord? Oder war es gar, wie manche erschütterten Freunde später vermuteten, ein ganz raffiniert aufgebauter Mord an beiden Partnern, da sie auch viele Feinde gehabt hätten, bis hin zu den Geheimdiensten?!

Bei der Trauerfeier, so erzählte man sich, kurz nach dem Tod des Großen Willy, sei nach einigen sehr betroffenen Rednerinnen und Rednern eine Sonnenblume ans Pult getreten, habe das Mikrophon zur Seite geschoben und habe sich mit klarer Stimme, die ein wenig an die Verstorbene erinnerte – nur viel ruhiger sei sie gewesen –, an die versammelte Trauergemeinde der Grüngesichter gewandt, deren grüne Haut durch den Schmerz und Schock einen wächsernen Schimmer hatte.

Und so soll die Sonnenblume gesprochen haben:

„Liebe Freunde!

Eine Tragik ist auf uns gefallen, eine Tragödie haben wir erfahren müssen, die uns an die Dramen des Altertums oder an die von Shakespeare erinnert. Wer wird jemals das verhüllende Tuch von der Wahrheit ziehen können?

Wie ihr vielleicht wißt, war die Möwe das Lieblingstier der Frau. Wie eine Möwe, vergleichbar vielleicht mit dem Kulttier, der Möwe Jonathan, wollte sie zu ihren Zielen fliegen zusammen mit ihrem väterlichen Freund, ihrem Lebens- und Seelengefährten. Vielleicht waren deren Ziele zu fern, zu hoch und einfach zu viele. Lernt daraus: Versucht immer, zuerst das Naheliegende, auch Realisierbare zu lösen! Gewiß, habt hohe Ideale, aber bedenkt: Auch wer nur seinen eigenen Garten richtig pflegt, hat schon manches erreicht.

Ja, wie Möwen wollten diese beiden die Welt durchfliegen und sich um Gerechtigkeit bemühen. Habt ihr sie dabei in den letzten Jahren nicht recht allein gelassen? Warum habt ihr ihnen nicht mehr bewiesen, daß wir ihre Mitarbeit in unserer Gruppe dringend brauchen? Warum habt ihr ihnen nicht mit menschlicher Wärme gezeigt, daß sie sich und euch manchmal überfordern, daß ihr aber ihre Nähe sucht und schätzt?

Verzeiht, ich weiß, daß ihr traurig, erschüttert und sehr nachdenklich seid. Ich spüre es, ich sehe es, ich, eure kleine, schlichte Sonnenblume vom Anfang eurer Bewegung. Aber ich schäme mich meiner Schlichtheit und Natürlichkeit keineswegs. Das ist's, was ihr euch unbedingt erhalten müßt! Streitet und versöhnt euch wieder. Seid sozial untereinander und verachtet die Kompromisse nicht. Vielleicht warten schon die Montagsdemonstrierer und die Kerzenträger auf euch und auf eure Zusammenarbeit! So könntet ihr unterschiedliche und doch ähnliche Bewegungen vereinigen ...

Und vergeßt die beiden Verstorbenen niemals. Zeitweise waren sie wie versprengte Rothäute, vom eigenen Stamm ausgeschlossen. Aber sie sind große Grüngesichter. Zu ihrem Gedenken wollen wir nun ein Lied singen, das auch die zarte Frau so geliebt hat. Vielleicht hat sie dabei an die krebskranken Kinder gedacht – alles Freunde und Freundinnen ihres verstorbenen Schwesterchens –, für die Modell „Der Kinderplanet" ein menschenwürdigeres Leben schaffen half. Die Verstorbene hat Jeanne d'Arc und Rosa

Luxemburg, Mahatma Gandhi und Martin Luther King als ihre Vorbilder angesehen. Alle starben übrigens eines gewaltsamen Todes! Aber sie leben in der Ideen- und Gefühlswelt der Menschen weiter. So wollen wir des tragisch verstorbenen Paars gedenken, wenn wir singen: ‚We shall overcome' und uns versprechen, daß auch sie in unseren Gedanken und Gefühlen weiterleben mögen."

Da standen sie auf, die Grüngesichter, und sangen bewegt, viele mit Tränen in den Augen und einem Zittern in der Stimme, dieses bekannte religiöse Lied.

Seit jenem Jahr, so erzählt man sich, habe die Partei der Grüngesichter immer mehr Anhänger gewonnen. Und, wie es die Sonnenblume vorgeschlagen hat, vereinigten sie sich später mit den Montagsdemonstrierern und den Kerzenträgern.

Auf den Gräbern der beiden Verstorbenen aber seien im folgenden Sommer große, starke, leuchtende Sonnenblumen gewachsen, ohne daß sie jemand je gesät habe ...

Brigitte Gutmann, geboren 1946 in Karlsruhe. Dort studierte ich Pädagogik mit den Schwerpunkten Deutsch und Musik. Schon früh Veröffentlichungen von Lyrik und Prosa in Zeitungen und Zeitschriften. Von 1980 bis 1985 lebten wir in Ägypten, weil mein Mann in Kairo an der Deutschen Evangelischen Oberschule Lehrer war. Erste Veröffentlichung von ägyptischen Gedichten in Kairo. Dann eine überarbeitete Neuauflage 1990 bei ms druck ötigheim mit Photos von Peter Gutmann. Ein Hörspiel: „Puzzle-Spiel oder Hechts werden besucht" wurde 1980 im Südwestfunk gesendet. Ich schrieb das Libretto für die Märchenoper „Das Märchen vom falschen Prinzen" nach Wilhelm Hauff, Musik von Wolfgang Biersack. Sie wurde an der DEO in Kairo aufgeführt. 1992 "Vom Glanz in deinen Augen und von der Berechtigung deiner Schreie", Gedichte über Schwangerschaft, Geburt und erstes Lebensjahr mit Photos von P. Gutmann in der Edition L. In diesem Verlag Mitwirkung bei vielen Lyrik-Anthologien. In Karin Jäckels „Gesundlach"-, „Flunker"-, „Glücks"- und „Fernseh"-Geschichten wurden Kinderlieder und Geschichten von mir abgedruckt. Bei dem Limburg-Literaturwettbewerb 1994 kam meine Kurzgeschichte „Hannes" unter die ersten zehn Beiträge. Ich bin Mitglied beim Freien Deutschen Autorenverband und beim Steinbach-Ensemble.

Im Jasmin-Eichner-Verlag sollen 1996 moderne Märchen und Sagen erscheinen für Menschen von 9 – 99, deren Thematik die Umwelt, Ausländer, soziales Verhalten, Politik, Tiere und Pflanzen sind. Die Illustration liegt in den bewährten Händen des Künstlers Günter Remus.

Ich bin glückliche Mutter von zwei Jungen, die inzwischen 12 und 14 Jahre alt sind. Unser Haus steht in Kappelrodeck, wo mein Mann und ich als Lehrer arbeiten.